名师名校名校长

凝聚名师共识
固定名师关怀
打造名师品牌
培育名师群体

郭明远影

王生雄◎著

智慧领航：
校园管理的
探索与思考

西安出版社

图书在版编目（CIP）数据

智慧领航：校园管理的探索与思考 / 王生雄著.
西安：西安出版社，2024.12. -- ISBN 978-7-5541
-8055-6

Ⅰ . G627

中国国家版本馆CIP数据核字第2025HZ3221号

智慧领航：校园管理的探索与思考
ZHIHUI LINGHANG XIAOYUAN GUANLI DE TANSUO YU SIKAO

出版发行：西安出版社
社　　址：西安市曲江新区雁南五路 1868 号影视演艺大厦 11 层
电　　话：（029）85264440
邮政编码：710061
印　　刷：北京政采印刷服务有限公司
开　　本：710mm×1000mm　1 / 16
印　　张：15
字　　数：237千字
版　　次：2024 年 12 月第 1 版
印　　次：2025 年 3 月第 1 次印刷
书　　号：ISBN 978-7-5541-8055-6
定　　价：58.00 元

△本书如有缺页、误装等印刷质量问题，请与当地销售商联系调换。

前　言

在这个日新月异的时代，教育的面貌正在经历着前所未有的变革。从传统的教学模式到现代的智慧教育，从单一的校园管理到多元化的服务体系，每一步变革都深刻地影响着每一位学生的成长轨迹。而在这场变革中，校园管理作为教育体系的基石，更是承载着前所未有的挑战与机遇。正是在这样的背景下，我撰写了《智慧领航：校园管理的探索与思考》一书，旨在分享和探讨在智慧教育背景下，如何优化和提升校园管理的效能，为学生们创造一个更加安全、高效、和谐的学习环境。

一、智慧教育管理的兴起与变革

智慧教育的兴起，是科技进步与教育需求双重作用的结果。随着云计算、大数据、人工智能、5G时代通信技术等的飞速发展，教育领域也迎来了前所未有的智能化浪潮。智慧管理、智慧课程、智慧课堂等一系列创新应用，正在逐步改变着教育的形态和内涵。然而，这些创新应用的背后，离不开一个强有力的校园管理体系的支撑。

传统的校园管理，往往侧重于事务性的处理，如学生档案管理、课程安排、校园安全等。而在智慧教育的背景下，校园管理开始更加注重数据的挖掘与分析、服务的个性化与智能化，以及管理的精细化与人性化。这种转变，不仅提高了管理的效率，更在无形中提升了教育的品质。

二、智慧校园管理的探索与思考

在《智慧领航：校园管理的探索与思考》一书中，我详细阐述了智慧管理、智慧教育、智慧探索、智慧成果。从规划设计、数据驱动的管理决策、智

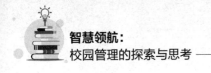

能化的校园管理系统，到个性化的学习支持服务，每一个章节都试图揭示智慧校园管理的精髓所在。

个性化的学习支持服务，是智慧校园管理的另一大亮点。在智慧教育的背景下，学生的学习需求日益多样化。通过智能推荐系统、在线学习平台等工具，我们可以为每一位学生提供更加符合其学习特点和需求的学习资源，从而激发他们的学习热情，提高学习效果。

三、智慧校园管理的挑战与展望

当然，智慧校园管理的探索并非一帆风顺。在实践中，我们遇到了诸多挑战，如数据分析与隐私保护、技术更新与人员培训、教育资源的均衡分配等。这些问题，都需要我们在未来的实践中不断探索和解决。

尽管如此，我仍然对智慧校园管理的未来充满信心。我相信，随着技术的不断进步和教育理念的不断创新，智慧校园管理将会迎来更加广阔的发展前景。它不仅能够为学生们提供更加优质的教育服务，更能够在推动教育公平、促进教育现代化等方面发挥重要作用。

四、结语

《智慧领航：校园管理的探索与思考》一书，是我对智慧校园管理实践与思考的结晶。我希望通过这本书，激发更多教育工作者对智慧校园管理的关注和思考，共同推动教育的进步和发展。同时，我也期待在未来的实践中，能够不断总结和完善智慧校园管理的理论体系和实践经验，为教育的现代化贡献自己的力量。

在撰写本书的过程中，我得到了许多领导、同事、朋友的支持和帮助。在此，我要向他们表示衷心的感谢。同时，我也希望读者们能够喜欢这本书，并从中获得有益的启示和收获。让我们携手共进，共同迎接智慧教育的美好未来！

王生雄

2024年11月

目　录

第一章　智慧管理

第二章　智慧教育

第三章　智慧探索

第四章　智慧成果

第一章

智慧管理

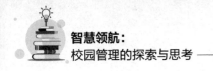
第一节　学校管理

智慧校园建设方案

为进一步提升宁夏盐池县第五小学的教育信息化应用水平，以教育信息化推动教育的现代化，根据盐池县教育体育局转发《自治区教育厅关于印发〈宁夏中小学"互联网+教育"智慧校园建设管理办法〉的通知》（宁教发〔2022〕33号）文件精神，现结合学校教育信息化发展规划，制定盐池县第五小学"星级智慧校园"创建工作实施方案如下。

一、指导思想

为深入学习宣传贯彻党的二十大精神，围绕加快教育现代化和建设教育强国新征程，落实立德树人根本任务，培养德智体美劳全面发展的社会主义建设者和接班人；为积极推进学校教育教学优质资源建设和应用、教学评价、教学模式的创新等。坚持信息技术与教育教学深度融合的课程新理念，坚持应用驱动和机制创新的基本方针，建立健全教育信息化可持续发展机制，构建网络化、数字化、智能化、个性化、终身化的教育体系，建设人人皆学、处处能学、时时可学的学习型学校。通过打造数字化校园、智慧校园，实现信息技术与教育教学理念和办学特色的融合创新，探索新时代"互联网+"教育转型升级的新经验、新模式、新路子，构建面向未来的智慧教育新形态，支撑引领教育改革创新和高质量发展。

二、工作目标

要通过实施教育信息化2.0行动计划，到规划完成时间基本实现"三全两高一大"的发展目标，即教学应用覆盖全体教师、学习应用覆盖全体适龄学生、数字校园建设覆盖全体学校，信息化应用水平和师生信息素养普遍提高，建成"互联网+教育"大平台，推动从教育专用资源向教育大资源转变、从提升师生信息技术应用能力向全面提升其信息素养转变、从融合应用向创新发展转变，努力构建"互联网+"条件下的人才培养新模式、发展基于互联网的教育服务新模式、探索信息时代人工智能教学新模式。

通过"互联网+教育"示范校、"人工智能助推教师队伍建设"实验校工作，实现教师队伍建设与互联网的全面融合，构建"以校为本、基于智能、应用驱动、注重创新"教师信息素养发展新机制。通过示范校项目带动教师信息化应用能力提升，在全校信息化应用建设行动中，探索模式，积累经验。打造信息化引领团队，全面促进信息技术与教育教学融合创新发展。形成学校信息化发展规划，推进数字化校园、智慧校园、人工智能建设；探索教育、教学、教研、管理、评价、学习等领域的创新发展。

三、智慧校园建设现状

1. 基础设施

学校始建于2010年8月，是一所城镇全日制小学，学校位于盐池县城振远西街，学校设有微机室、实验室、音乐室、舞蹈室、电子琴室、美术室、书法室、图书室、阅览室、多功能大厅、录播室、纸笔互动智慧教室、智慧音乐教室、智慧书法教室、创客教室、虚拟演播室、民乐教室、48个智慧班牌、7个在线课堂、6间智慧教室、2间智慧阅读教室、1间智慧研训室、人工智能创新实验室等77个智慧教室。

2. 融合应用

以实验校项目助推学校信息化步伐，是学校的重要目标。为此，学校一方面坚持优化信息化教学环境，先后建成了校园网（48个教学班均实现了"班班通"）、数字化校园（有智慧图书馆、电子查询机、录播室、智慧校园、智慧教室）及校内外资源服务链接平台，为教育信息化提供了硬件保证。另一方面，坚持推进信息化应用平台建设：一是提高学校信息网络服务的管理与使用效率（学校网站、智慧校园，实现教育信息化管理和无纸化办公）；二是完善学校资源库，为学生提供学习资源平台。

四、工作措施

为了能更好地实现星级智慧校园建设，针对学校的现状，学校的创建工作在创建领导小组的指导下围绕"硬件""软件""素养""特色"四个维度开展具体工作：

（一）硬件完善

（1）提升学校的网络，实现校园网络全覆盖，保证网络稳定性，提高网速，确保校园网络能适应教学及办公需求。

（2）更换学生计算机教室1间。

（3）尽快投入学校互联网设备建设，确保智慧校园各项活动稳步有序地开展。力争建设室外朗读亭1个及3D打印教室1间，营造能够充分支持学生进行多方面探究性学习的良好环境。

（二）软件应用

（1）加强学校宁教云、"人人通"平台应用的使用，并做到平台间互联互通。

（2）利用宁教云强大的功能开通"教育教学""教育管理""教育服务"等平台功能，完善符合宁夏盐池县第五小学需求的办公系统，实现通知公告、周工作安排、课表、调代课管理、教师绩效、报修、学生成绩管理、班级空间、网络教研、网络备课等应用，建立各年级学科网络备课室，发挥优质教师辐射带动作用，加强老师间的合作交流；加强师生家校沟通交流，实现"课堂网络化，学习交互化，课件资源化，人人空间化"。

（3）利用电子巡课系统，基于云端数据对各班、各年级的课堂常规、教情、学情进行分析，推进精准化的教学评价，规范教学行为。

（三）素养提升

（1）向盐池县教育体育局申请培养有信息素养的教师，以推动学校信息技术专业发展。

（2）选派有信息技术特长的老师到示范校学习经验。

（3）请信息技术教育教学专家到学校对教师进行培训。

（4）鼓励老师开展信息技术教育教学研究，开展师生信息技术教学评比活动。

（四）特色发展

结合学校办学特色创建智慧校园特开展以下工作：

（1）智慧校园只有真正服务于教育教学，提高教育教学效率、办公效率，丰富学校教育教学的形式，它的价值才会最大化体现，才会真正成为学校不可或缺的组成部分。

智慧校园建设成功后，学校将通过网上"学校考勤制""网上请假登记制""信息推送制"等制度的实施，促使学校管理的效率、效益有效提升。

在学校管理中，先由行政管理、教务管理的数字化切入，依托智慧校园实现无纸化办公、电子备课系统、成绩管理系统、考勤系统等应用模块，逐步实现数字化管理，最终达到学校管理的全面数字化，达到最优化的管理效能。

学校从每周工作安排的发布开始，学校的各类通知、学习材料、相关文件、校园新闻等，都在学校门户网站上发布。一项项任务的落实，逐步过渡到依托数字化校园管理系统来进行督导、管理。学校内部各个部门，包括教育教学、校务、德育、后勤等，均运用信息技术进行管理，所有的公务都在校园网上能及时找到，管理高效、有序。

学校依托教育信息网，发挥各大管理系统作用，提高行政管理、业务管理等管理水平。学校对教育信息各大应用系统（办公自动化系统、学籍管理系统、人事管理系统、学校资产管理、教学仪器管理系统）能较好地使用，实现

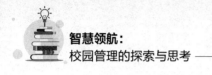

办公电子化、通讯网络化、管理数字化。

（2）智慧校园建设必须以数字网络技术为基础，利用计算机和网络技术对学校的所有信息资源进行科学规范的整合和集成，以构成统一的网络化管理。目前在倡导电子备课方面，学校为教师搭建了一个备课、资源与网络化学习三位一体的教学平台，以便共享。学校充分利用网络的优势，把电子备课教学设计与教学课件都统一存放在学校校内资源库，把教师从传统的备课模式中解脱出来，全体教师及学生都能在网上查找与下载相关教育教学资源。

（3）宁教云是智慧校园建设中最基本的组成部分，是沟通家校的最好的平台。借助家校互动平台的运行，实现家校近距离沟通。为了更快捷、更有效地与家长沟通，学校与教师利用这个平台，及时向家长通报孩子在校的学习、课后服务等情况，告知学校的有关安排，提醒家长对孩子教育的注意事项。

（4）学校门户网在家校联系方面也有很大的作用。学校在校园网上开辟了"家长学校"，介绍各地先进的家校共育经验，发表本校优秀家长的教育心得。智慧班牌是沟通家校的又一个好平台。家长通过智慧班牌，对学生对班情的了解更直接，更具针对性。同时学校每学期举办一次课堂教学开放日活动，让广大家长充分了解学校在教育信息化方面的发展和取得的成绩，也将教育信息化的知识辐射到社会。

（5）利用信息技术优化德育管理。德育管理是一项很繁复的工作，管理者需要做很多全面、细致的工作，而利用信息技术却可以大大提高工作效率。在各项工作初始的安排、部署中，在工作过程中的评比、检索中，在各种阶段性的汇总、归档中，信息技术都能发挥巨大的作用。

智慧校园的创建不是一蹴而就的，在大数据时代，需要不断地顺应科技的发展更新环境、提升素养、加强应用，真正让"智慧"惠及儿童，为孩子的美好人生奠基。

五、工作保障

从思想、制度、组织、资金方面健全实验校的保障机制，确保学校"互联网+教育"示范校取得良好成绩。

（一）思想保障

在承担"互联网+教育"示范校工作进程中，要突破体制和认识上的制约，以"技术推动教育变革"为核心理念，围绕教育观念更新和教育生态体系重构，及时实现教育理念、教育管理的变革，促进教师队伍管理和教师队伍治理模式转变，促进教师专业发展和成长方式的转变，不断破解学校教育和教师队伍建设所面临的难题，下定改革的决心，坚定推进示范校工作深入开展，把示范校工作作为学校的重点工作组织实施好，全面推动学校教师队伍建设改革，为全市树立标杆。

（二）制度保障

（1）将智慧校园应用推进列入学校三年发展规划。学校必须在教育管理、教育教学过程、教育教学资源建设、教育科研、家校联系等方面深入提升信息化技能应用水平，做好规划，确定目标，提供保障。

（2）学校每学年举行一次"互联网+教育"教学应用的评比活动；每学期举办一次信息化技能应用培训（请进来），每学期安排不同学科教师外出参加一次信息化技能应用实地培训学习（走出去）。

（三）组织保障

加强制度建设，提高学校教育信息化的管理水平。学校建立"互联网+教育"推进工作领导小组，形成工作推进机制，制定推进方案，完善相关规章制度，促进学校设备的规范管理和使用，保障各项工作的探索与实践。具体负责本部门对项目推进各项工作的安排、指导、支持与协调。具体安排如下：

学校成立了校长领衔的创建小组，明确目标，多部门协同合作，责任到人。多次召开专题会议统一思想，布置任务，讨论现阶段急需添置的软硬件设备，积极探索学校智慧校园创建特色方向。

（1）智慧校园建设领导小组

组　长：王生雄（校长）

副组长：韩定春　温云霞　施原旗　孟祥龙

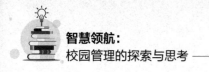

成　员：王小燕　武小丽　范玉雄　高力文　蔡　翔　钱军林

（2）智慧校园建设工作小组

组　　长：温云霞

副组长：施原旗　孟祥龙

成　员：王小燕　蔡　翔　黄　欣　贺凤仙　李小婷　翟小严

（3）智慧校园建设技术指导组

组　　长：蔡　翔

组　员：黄　欣　贺凤仙　翟小严　李小婷

（4）智慧校园建设后勤保障组

组　　长：施原旗

副组长：蔡　翔　高力文

组　员：钱军林　李兴为　李小婷

（5）智慧校园建设实施联系人：蔡　翔

（四）经费保障

多方筹措资金，落实学校信息化技术项目开展需求预算，确保智慧校园建设与应用的维护和更新需要。

智慧校园五年规划

本着认真贯彻落实国家关于宁夏"互联网+教育"的指示精神，以教育部"互联网+教育"示范省（区）建设为契机，紧扣《教育信息化"十四五"发展规划》《教育信息化2.0行动计划》《宁夏回族自治区"互联网+教育"示范区建设规划（2018年—2022年）》等相关政策文件，根据吴忠市教育局"互联网+教育"的实施意见，在盐池县委、县政府和教育行政部门大力支持下，结合盐池县"互联网+教育"示范县建设实际。学校在教育部第一批教育信息化试点校的基础上，积极推动教师主动适应信息化、"互联网+教育"、人工智能等新技术变革，有效开展教育教学活动，为保证"互联网+教育"示范校工作顺利开展，特制定此规划。

一、指导思想

为了全面贯彻落实党的十九大精神，围绕加快教育现代化和建设教育强国新征程，落实立德树人根本任务；为了积极推进学校教育教学优质资源建设和应用、教学评价、教学模式的创新等工作。坚持信息技术与教育教学深度融合的课程新理念，坚持应用驱动和机制创新的基本方针，建立健全教育信息化可持续发展机制，构建网络化、数字化、智能化、个性化、终身化的教育体系，建设人人皆学、处处能学、时时可学的学习型学校。进一步提升教师信息化教学能力，提高学校教育信息化的应用水平和技能，展示学校信息化办学特色，在全体教职工的共同努力下，争取信息化应用在今后有新的发展，新的跨越。

二、现状分析

（1）学校设有微机室、实验室、音乐室、舞蹈室、电子琴室、美术室、书法室、图书室、阅览室、多功能大厅、录播室、纸笔互动智慧教室、智慧音乐教室、智慧书法教室、创客教室、虚拟演播室、民乐教室、48个智慧班牌、7个在线课堂、人工智能创新实验室等多个专用教室。

（2）信息化应用平台：以实验校项目助推学校信息化步伐，是学校的重要目标。为此，学校一方面坚持优化信息化教学环境，先后建成了校园网（48个教学班均实现了"班班通"）、数字化校园（有电子图书馆、电子查询机、录播室、智慧校园、智慧教室）及校内外资源服务链接平台，为教育信息化提供了硬件保证。另一方面，坚持推进信息化应用平台建设：一是提高学校信息网络服务的管理与使用效率（学校网站、智慧校园，实现教育信息化管理和无纸化办公）；二是完善学校资源库（包括远程资源外网、内网自建资源、外网信

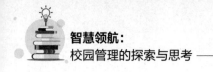

息化视频资源库），并加强了区域内外教学资源库共建共享工作。三是积极搭建家校共育平台（建设班级网站、QQ应用群、微信群、云校家为师生搭建交流互动的平台），为学生提供资源包。

三、工作目标

（1）要通过实施教育信息化2.0行动计划，到2022年基本实现"三全两高一大"的发展目标，即教学应用覆盖全体教师、学习应用覆盖全体适龄学生、数字校园建设覆盖全体学校，信息化应用水平和师生信息素养普遍提高，建成"互联网+教育"大平台，推动从教育专用资源向教育大资源转变、从提升师生信息技术应用能力向全面提升其信息素养转变、从融合应用向创新发展转变，努力构建"互联网+"条件下的人才培养新模式、发展基于互联网的教育服务新模式、探索信息时代人工智能教学新模式。

（2）通过"互联网+教育"示范校、"人工智能助推教师队伍建设"实验校工作，实现教师队伍建设与互联网的全面融合，构建"以校为本、基于智能、应用驱动、注重创新"教师信息素养发展新机制。通过示范校项目带动教师信息化应用能力提升，在全校信息化应用建设行动中，探索模式，积累经验。打造信息化引领团队，全面促进信息技术与教育教学融合创新发展。形成学校信息化发展规划，推进数字化校园、智慧校园、人工智能建设；探索教育、教学、教研、管理、评价、学习等领域的创新发展。

四、工作任务

（一）工作制度（完成时间：2020年1—3月）

在学校章程的基础上，建立一套行之有效的"互联网+教育"工作评价制度、管理体制和运行机制。健全相关人工智能教育工作管理制度，包括计算机室、录播室、网络中心、智慧课堂等管理制度、管理规程、智慧校园工作管理方法，有关教师的工作职责等，以及与教学有关的培训、奖励、考核制度。

（二）网络改造（完成时间：2020年9—12月）

学校自建校以来，核心、汇聚、楼层交换机均为百兆，且已老化，网线为五类线，已不适应当前信息化需求，搭建好网络硬件平台，是保障各项平台运行的必备条件，规划在三年内将网络宽带提升到500M。

（三）教师培训（完成时间：2020年1月—2022年12月）

教师培训是一项长期的工作，在教育信息化进入2.0时代，要加强教师信息化应用技能能力培训，多管齐下，从考核与监督等方面，进一步促进教师全员参与，建立适应学校发展需求的教师信息化应用技能应用新模式。通过"走出去、请进来"的方式促进教师的专业成长，使全校教师都能熟练地掌握各项信息化应用技能。激发教师提升信息技术应用能力的内生动力，具备相应的应用水平，有效提高教育教学质量。

（四）学生培训（完成时间：2020年1月—2022年12月）

学生的培训培养是不能间断的，培养学生具有计算思维及编程思想，实现个性化学习。结合语文、数学、英语等学科领域的语音、人脸、行为、表情识别等应用环境；培养学生具有能看会算、能听会说、能看会认等信息化技能应用基础，在游戏中学习、在体验中学习、在创造中学习。

（五）资源建设（完成时间：2020年1月—2022年12月）

根据学校"互联网+教育"示范校的需求，进一步完善学校信息资源库的建设，引进和鼓励教师开发现代信息技术与教育教学整合的软件及资料，充实学校教育信息资源库，实现学校教育资源共享，建设智能评课系统、电子书包、网络化智慧音乐、书法教室、人工智能实验室、创客教室等。

1. 智慧班牌（云班牌）（2020年完成）

学校目前已经基本建成了智慧教育管理平台，但是缺乏管理智慧平台的数据呈现端。云班牌是智慧平台的数据呈现端，也是智慧平台数据的采集工具之一。云班牌一方面呈现出班级文化的丰富多彩，另一方面也成为学校和班级、教师和学生以及家长和学生之间的互动媒介之一。甚至，云班牌将形成对班级、对学生的大数据分析支持，成为智慧校园不可或缺的支撑部分。而且智慧班牌系统还可以为学校建立灵活多变的文化走廊、科技走廊、新闻中心，作品展示、学科知识库等媒体窗口，是集校园文化建设宣传、展示、服务和资讯传播于一体的平台。所以，为更好实现学校建设目标，打造"互联网+"智慧校园，学校急需完善数据呈现端，补充云班牌，以弥补这方面的不足。

2. 纸笔互动智慧课堂（2020年完成）

虽然学校进行了信息化教学的尝试，但因使用信息化设备教学不足，很多教师还没有形成信息化教学的方法。故而信息化教学平台的功能和资源不能很好地和课堂教学相结合，使用场景针对性弱。尤其师生间的课堂互动不够、教学资源的单一都导致无法使每一位学生得到个性化的教育。

建设智慧课堂教室，针对以上问题提供解决方案。运用一个整体、一体化的解决方案，为教学的端到端提供信息化的硬件及软件，提供完整可靠的培训，教育信息化才有可能带来成效。配以教学资源的精品化，真正为信息化教学提供帮助。以此降低教师信息化教学的学习成本，能快速上手信息化教学。学生及时了解薄弱点，课后可以对薄弱的地方有针对性地自主学习。在信息化教学课堂中教师不但可以了解学生对知识点的接受程度，而且还增强了师生互动，激发了学生的学习兴趣，促使学生高效、自主地学习。所以，引进智慧课堂是学校打通互联网教育终端化的应用需求。

3. 智慧音乐课堂（2020年完成）

音乐师资和音乐教具设施是制约音乐教育开展的主要因素。由于钢琴音乐课的专业化特点，钢琴音乐课不是简单依靠代课教师就能胜任的，一位合格的音乐教师，要兼具声乐和器乐两种教学能力，才能完成钢琴音乐课标所规定的各项要求。因为钢琴音乐教师培养难度高，供需矛盾突出，钢琴教育成为教育资源不均衡现状中尤为突出的问题。

正是因为学校中音乐教师不具备合格的钢琴教学能力，即便在社会上几乎也找不到可以代课的钢琴教师，钢琴教育被迫放弃，而学校中大部分孩子也就失去了受教育的机会。

随着数字信息化时代的到来，搭建智慧音乐课堂，弥补钢琴教育的不足，让学生享受到"互联网+教育"带来的学习钢琴的机会,提高学生的艺术素养。所以,搭建智慧音乐课堂教室是解决学校钢琴教育最大实际应用需求。

4. 人工智能创新实验室(2020年完成)

根据《宁夏回族自治区"互联网+教育"示范区建设规划(2018年—2022年)》实施方案,学校将大力开展创新教育,建设人工智能教育项目的实践基地。一方面,依据自治区的"互联网+教育"建设规划,建设人工智能实验室及体验教室,促进教育教学改革和创新素养教育,满足学校的创新教育的蓬勃发展;另一方面,基于学校现有的教育信息化水平,进一步完善学校的信息化建设,实现传统教学方式向创新探索性教学方式转型。而开展人工智能创新教育的目的既不是泛泛的科普,也不是培养人工智能专业人才,而是提升学生的人工智能素养,提高教师的人工智能教学能力,让师生共同具备对人工智能的鉴赏力、理解力和应用力,为未来个人的社会生活做好准备,更为国家的人工智能学科建设储备复合型人才,发挥"AI+教育"的融合优势,立足当下,着眼未来,求实求新。所以,需要补齐短板,引进创新智慧教室。

5. 智慧书法教室(2021年完成)

建设智慧数字书法教室,是针对学校书法教育传承中师资短缺、教材不足、教学方法不当、教学效果不佳、学习困难等瓶颈问题的最佳解决方案,具有广阔的教学与应用前景,能够很好地普及并推广中国书法艺术瑰宝的方案。同时,可以最大程度地提高学生学习书法的兴趣,直观认识中国传统书法文化的魅力。更重要的是,通过建设智慧数字书法教室,学生可以更加科学地学习书法,为中国书法的传承做好基础培训。更是积极响应教育部的"以教育信息化带动教育现代化,促进基础教育跨越式发展"的战略指导。

6. 创客智慧教室(2021年完成)

为实现中华民族伟大复兴的中国梦,学校通过现代化信息技术手段,开展创客教育对于培养青少年科技创新能力和动手实践能力有着重大意义。所以,引进创客智慧教室项目,可以达到以下目标:普及创客素养、培养创客名师、打造创客空间。

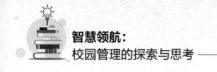
7. 校园虚拟演播室（2021年完成）

计划建设一间集校园视频直播与微课制作功能的虚拟演播室，通过先进的视音频技术及无轨跟踪技术、机械传感跟踪技术将校园生活、精品课、情景剧等制作成为高品质的视频文件，自动真实记录教学过程，打造开放性交互性的仿真场景教学，实现优质教学资源直播发布。

8. 校园巡课系统（2021年完成）

传统教学巡课依赖于人工亲至现场，主要以书写方式记录教师是否按课表上课和教师上课状态等课堂情况，故传统巡课不仅低效，更会影响教师上课状态，增加学生心理负担，更有可能形成应对巡课式课堂。

通过本系统，老师可以不受上课时间、上课地点、巡课地点和巡课方式的约束，借助巡课排行推荐，实现人工在线巡课。

教学过程需要进行有效监管，通过严格监管能发现教学过程中发生的问题，巡课督导制度就成为一种常态化的监管手段。

9. 智慧教室（2022年11月底完成）

学校原有一间纸笔互动教室，建成以来，应用效果很好，受到了广大师生的认可。但是数量较少，无法常态化应用。所以本次项目计划建设6间智慧教室，每间教室包含45台学生平板、45台纸笔互动套装、1台教师机、配备无线AP、充电车和相关教学配套管理硬软件。每个年级配备一套，提升应用量，提升课堂的效率和质量。利用"互联网+"的思维方式和大数据、云计算等新一代信息技术打造富有智慧的课堂教学环境，在教学决策、评价反馈、交流互动、资源推送等方面实现了数据化、智能化，促进传统课堂教学内容与方式的全面变革，为智慧的教与学提供了先进的技术支撑。与宁夏云平台实现无缝对接，利用宁夏云平台教学资源、教学助手、云校家等功能，开展智慧教学，为学生重构"课前推学—课中探学—课后助学"的信息化学习环境。并且可以通过智慧教室开展诗词大赛、汉字听写等活动，提高学生学习兴趣，推动学校教学改革和教师教学行为变革，提高课堂教学质量，减轻教师教和学生学的负担，提高学习效率，提升师生的信息能力和信息素养，达到减负增效的效果，为学生

赢得足够的课外活动时间。同时为学校培养一批信息技术和优质教育教学资源使用的带头人

10. 智慧阅读教室（2022年11月底完成）

目前学校阅读课程主要是线下阅读纸质书，阅读资源较少，无法准确掌握学生阅读情况。希望通过建设智慧阅读项目，让每位学生都能够得到丰富的阅读资源，并且可以进行阅读测评，提升阅读质量和效果。智慧阅读项目包含10寸智慧阅读护眼终端45台、智慧阅读机2台。系统提供丰富的阅读资源，为师生提供阅读场地与阅读效果分析工具，关注学生、关注老师、关注阅读，学生和老师之间可以互相交流和分享。丰富阅读媒介，完善阅读形式，为学生打造个性的阅读空间。帮助学生从简单的信息获取到知识创造、互动分享的延伸与转变，阅读行为更加活泼新颖，并且可以保存阅读记录，根据学生阅读习惯提供个性推荐，使阅读散发无限趣味。同时系统根据不同的学生科学分级、分类阅读，做有思想的减法。通过信息化的手段，可以让教师挖掘学生相关的表现，分析学生已经掌握的内容，评估阅读的时长，利用阅读大数据来协助学校阅读的推进和改善。让学生通过阅读积累的大量词汇、丰富多彩的语言表达形式，提高学生的阅读能力和表达能力。借助电子墨水屏，在丰富阅读资源的同时，模拟最贴近纸书的阅读效果，保护学生视力。

11. 智慧研训教室（2022年12月底完成）

学校原来建的巡课系统，只实现了远程的巡课听课，应用效果有一定的局限性。通过建设智慧教研平台，充分利用巡课系统原有成果，实现在线听课评课及教研活动，并且借助大数据、人工智能等技术，实现学生课堂行为分析，为学校教研进一步提升课堂质量提供数据支撑。智慧教研平台包括考试作业学情分析系统、高速扫描仪一体机一台、课堂教学行为分析系统（包含听评课系统）、课堂行为分析服务器（包含大容量硬盘）、LED拼接屏。扫描仪自带操作系统，无需连接电脑即可一键扫描，并且配备配套管理软件。通过人工智能技术赋能学校考试和课后作业设计和管理，基于多元终端采集学生过程性学情数据，AI助力教师智能批阅，辅助进行量化分析，数据高效反馈教学效果，为

教育质量提升提供有效数据支撑。通过课堂教学行为分析系统，可智能获取学生课堂参与度、契合度、疑惑度与活跃度，分析学生的听讲效率（对知识的理解、接受情况）。听评课系统可与原有在线巡课系统打通，根据学校需求灵活定制评价量表，教师可实现在线课程打分与评价。支持课中与课后评价，让教研评估不受时空限制。购买9块LED拼接屏，可同时显示多个教室画面。

12. 智慧科普校园建设（2023年8月底完成）

建设创新实验室，开发人工智能、3D打印等科普教程，定期举办科普讲座、科技周、科技节、科普竞赛等科普活动，制作电磁之奥、生命科学、航空航天、垃圾分类等十大科普主题展板的科普文化长廊，组建科普志愿队伍。

13. 数字化体科融创中心（2023年12月底完成）

（1）搭建学校数字化体育管理平台

通过校园体育管理平台，对学校体育进行"人员管理、账号管理、设备管理、时间管理"，能够对信息进行调整更改，例如：添加班级信息及班级类型，可在班级查看对应教师，及根据实际任课情况新增任课教师，可对原有班级进行信息修改及删除等。同时，可批量导入导出学生成绩、教师信息等。对设备进行管控，增加工作效率。还可进行时间管理，按照相对应的时间形成课程表，配合学校的体育教学计划，提高学校体育教学信息化管理水平。

（2）学生智能体质测试体系

学校智能体质测试室的建设，可用于体育老师对学校学生的定期体质数据测试上报工作，也可对学生不定期地开放，对学生进行阶段性检测、对于需要提高身体素质和了解自身体质情况的学生可自主独立地完成自我测试，并可打印下载详细的体质成长曲线图和运动处方，有针对性地预防和纠正不良习惯对学生成长的影响及畸形发展的干预，辅助学生养成经常参加体育活动的良好习惯，并进一步演化为终身体育行为。

（3）学生智能体质监测体系

我校智能体质监测中心搭建校园智能监测管理系统，利用智能监测手环与智能教学终端，方便教师在体育课时采集学生运动数据信息。智能运动手环采集学生的运动数据（包括运动步数、运动量、心率、卡路里消耗量等）、体温等信息，实时量化和监督个体学生在体育课上的锻炼情况，并对危险情况提前预知和警报以保证学生的运动安全。教师通过智能教学终端，在课前分段提前预设运动强度；课中，师生可实时观察各环节的达标情况并及时做运动调整，完成本节课的教学目标；课后，进行学生评价与总结。教师可通过智能终端查看全班整体运动情况、学生个体运动情况、运动分析报告等。

（4）智慧体育课堂评价体系

智慧体育课堂评价系统可在课后对本节课运动强度、运动量、运动密度安排的合理性进行评价；对每位学生的运动数据自动进行分析，对学生在这节课中的运动锻炼效果进行评价。所有数据及评价存档为学校教师改进课程安排提供数据支持。所有上课记录统一管理，数据随时可查。系统记录并上传存储学生的运动数据，对体育课时的数据进行统计分析，对班级、学生整堂课的表现进行课堂结构合理性评价、课堂运动量安排合理性评价，可针对集体或者个体出具运动评价报告。用大数据技术，深度挖掘，多维度、多角度对学生的运动情况、体质现状进行精准分析，并形成报告。对学校开展体育教研教学、课题研究等具有非常重要的支撑意义。

数字化体育训练充分利用人工智能与大数据，不局限于个体，能够以群体视角分析学校运动开展情况，为校领导层宏观把控、精细管理提供帮助。结合AI智能和大数据分析，为每一位学生开出有针对性的运动处方，指导教师对学生的体质健康精准干预。针对学校运动体质工作现状，并结合相关政策指标，给予群体性解决方案。与个人运动处方相互配合，逐级解决学校学生存在的体质健康问题。

（5）搭建校园体育大数据平台，生成学生体育发展数字画像

通过对学生各类体育行为数据的采集、统计、分析，为学校、教师、学生、家长提供管、教、学、评、练、测、研为一体的体育教学管理工具。通过跟踪每位学生的身体健康数据，实现个性化的健康提升建议，帮助学校建立科学的体质健康信息化管理机制，为学校学生的体育运动及体质健康形成数字画

像。检测的数据可实时上传于管理平台，建立有统计、分析、报告等维度的学生体质健康数据库，可直接对接国家体质健康系统进行数据上报。校级部门登录管理系统平台，学校老师共享授权范围的各种信息，实时了解学生、学校和不同历史阶段学生的体质健康状况。也可通过登录体质管理平台小程序，建立家校联动，让家长实时了解学生的体质健康状况，并能很好地监督、指导学生的下一步训练，给出具体的运动处方，通过家校合作提升学生的体质体能素养。

（6）智能乒乓球AI训练中心

乒乓球是我国的国球，同时也是我县重点培养学生掌握的体育技能之一。

通过数字化课程资源辅助体育老师开展乒乓球的教学应用，利用人工智能训练设备提升学生的乒乓球技能，能够贴近真人实战，解决学校专业乒乓球教练配备不足的问题。

利用智能化的专业训练设备，一方面教学效率得以提升，另一方面直观系统的测评结果也有助于教练对学生制定个性化的教学与训练规划。

14. 生命教育智慧实践中心（2024年6月底完成）

（1）智慧心理健康中心

激烈的竞争，繁重的工作、学习压力和复杂的社会环境，使校园中心理健康问题日益严重。有效的专业心理解压，能使教师处理好当前的各种困惑，提高个人的认知水平，找到正确对待自己的方法，增强自信，也能学会如何正确对待他人，处理好各种人际关系；专业的心理疏导能向学生提供如何集中学习中的注意力，提高记忆的方法，如何正确处理在集体中的人际关系，如何进行心理调整，保持心理平衡等；经过专业心理咨询，不仅能解除学生烦恼，还能使教师了解学生的能力、兴趣、个性特长等，便于教师因材施教，提高教学质量。

学校在传统心理教育的基础上，引入智能化心理健康设备与系统数字资源，能够使教师快速掌握心理舒缓的技能与方法，同时也可利用系统中丰富的数字资源对不同情况的学生进行心理解压与疏导。既能解决个体情况，也可有效解决群体问题。

通过教师的引导与活动的设计，培养学生的心理素质、团队意识与合作能力；通过环境创设，能够快速让师生进入放松、有效的健康环境中，从而形成良好的校园和谐氛围。

（2）生命安全学习中心

聚焦当前社会校园内常见的突发事件，包括运动创伤、猝死、气道梗阻、食物中毒、火灾、自然灾害等，已经严重影响到学生的身心健康，甚至会危及学生的生命安全。

学校引入校园生命安全急救教育体系，通过优质的急救教育数字资源，教师可以轻松备课、简单授课。结合学校实际，增加对校园常见的气道异物梗阻等的紧急救护，创伤出血与止血、关节脱位与扭伤等的创伤救护，淹溺、烧烫伤、中暑等意外伤害和火灾、地震、踩踏等突发事件的应急救护知识普及教育。

通过急救实训设备的实操与练习，老师与学生能够准确掌握自救自护与救援的相关知识与技能，以集教学、实训、练习、考试于一体的方式快速提升教师急救的教学能力，同时提高学生尊重生命、珍惜生命的意识，培养学生自救互救技能和提高学生自我保护意识，最终实现对学生的生命教育以及生命保护。

15. 数字校园管理中心（2024年12月底完成）

（1）智慧校园安全管理中心

通过"智慧校园管理平台+智能终端"软硬件产品组合，围绕校园基本需求"学生安全"为核心，构建学校出入管理、预警管理、访客管理和家校互通等智慧校园管理环境。覆盖学校建设中的管理、安全、活动、家校互通等应用环节，各系统的数据无缝连接、信息共享，打造智能化、安全化的智慧校园。

（2）图书智慧借阅管理中心

目前学校已建设使用的图书馆中有纸张图书与电子图书，纸张图书的管理工作量大，学生借阅的频次繁多，人工在册统计难度大，学生纸张书的阅读量与阅读喜好难以计算。结合学校对师生文化素养提升的需求，将学校图书馆的借阅管理转变为智能化和科学管理模式。

通过智能化终端设备与大数据分析，可以实现学生自主借阅、自动查询、书籍资源智能分类、智能管理。

利用智能化系统设备，实现图书资源的互联互通和实时交互。真正让学校图书资源流动起来，提高图书的借阅率和流通率，促进学校图书资源的共享和有效利用，实现图书馆的专业化、网络化、信息数字化，营造具有文化内涵、人性化的校园文化学习空间。

（3）数据平台建设中心

随着数字化社会的快速到来，学校的发展建设也需要数据化的分析与评估。学校基于多年智慧校园的建设，搭建了各类应用平台，但是各应用平台提供的厂家不同，数据之间互不联通，无法有效地利用各类数据支撑学校管理、教学，并且操作极为烦琐，很多数据资源得不到有效利用。

通过5G、大数据、云计算和AI技术等，根据学校按需分配应用，将已积累的应用数据与不断增长的数据整合，兼容学校原有设施及软件系统，形成的适用于智慧课堂PAD、软件应用、安全设备、电子白板、平台应用等一系列的数据的集合，为学校数字化校园的快速转型提供有力的支撑。

（六）学科整合（完成时间：2020年1月—2023年12月）

学校在短时间内通过学科信息化整合，在社团活动智能化（3D打印、创客教室、人脸识别管理系统、在线互动课堂、VR体验教室、课堂测评系统等）体验室创造"互联网+"应用环境。利用信息化手段授课的学科覆盖率达100%，教师覆盖率达90%左右，课时覆盖率达80%。鼓励教师从教育理论上，通过教学实践积极探索"互联网+教育"提升教师信息素养及教学整合的途径与规律，推进教育变革，全面提高教育质量和效益。

（七）加强科研（完成时间：2020年1月—2024年12月）

为进一步探索"互联网+"对学科教学和学生学习的影响，优化教师教学过程和学生认知过程，构建信息化环境下新的教学模式和学习方法，学校拟开展以下三方面研究：一是探索和研究利用信息化优化教学过程，培养学生创新思维能力；二是探索信息化环境下学生个性化学习新模式；三是对互联网与各学科教学整合做进一步的研究和实践。通过教学研究，促进教师运用信息化手段，积极改变教学模式，把学习的主动权交给学生，使学生学会学习，自主探索，培养终身学习能力。

五、工作措施

（一）加强培训，提高教师队伍素质

1. 转变教师观念

在完善教育教学设备的基础上，教育引导广大教师转变观念，使教师逐步加深对现代教育技术的认识，用现代教育理论武装头脑，了解信息化技术给教育带来的革命性变化，使全校教师形成共识，即"互联网+教育"是学校发展的突破口，要想在学校有所作为，就必须掌握过硬的现代信息技术，以此来增强教师的紧迫感和危机感，在校内形成认真学习、积极应用现代信息技术的良好氛围。实现"要我用现代信息技术教学"为"我要用现代信息技术教学"的根本转变。

2. 抓好教师培训

教师是学校开展"互联网+教育"的主体，教师整体信息化素养的高低，决定着学校开展信息化应用工作之成效。为此，在转变观念的基础上，对教师进行"互联网+教育"理论培训和信息化技能提升培训，鼓励支持教师积极参加各级职能部门组织的教育技术培训学习。

（二）用好"三通两平台"，教育信息化资源不断充实

1. 学校在教育信息化建设的基础上，要有一流的设施设备和庞大的软件体系支撑

调查清楚教师的需求，针对教师需求进行硬件建设和培训。学校加强资源库建设，用购置、下载、自制等多种渠道相结合的方法，为师生教与学做更好的服务。

（1）学校每年要拿出足够的资金，购置各种教学软件，补充教学资源。

（2）要合理利用宁夏教育云资源和教学助手，由学校信息中心负责，建立资源下载登记档案。再将下载的资源上传到学校的校园网站，并建立资源索引查询目录，便于查询使用。

（3）特别注重教学资源的开发与应用，使中青年教师都能根据教学需要，运用信息化技能将资源应用并在教育教学环境中展现。

2. 不断丰富更新校园网站，使其广泛地应用于学校的教育教学领域

我们建立"互联网+教育"教学服务平台，用大数据分析教与学的需求，通过慕课、小视频、云校家等指定的教育网路径的访问，提高学生的兴趣及应用能力。并通过学校路由器的端口映射实现外部网络对学校网站的访问。还要建立国家、区级"三通两平台"的链接，真正达到资源共享与应用。

（三）开展活动，使"互联网+"为教学服务

1. 扎扎实实抓好信息化工作，深入开展教学教研

开展中青年教师的信息技能应用比赛活动，鼓励和引导全体教师积极参与信息化技能应用活动，通过系列活动调动广大教师学习、应用的积极性，提升信息化技能的应用水平。

2. 认认真真组织学生活动，引导正确利用信息智能化软件

通过资料搜集、电子小报比赛、电子绘画、语言、人脸识别等活动，调动学生对信息智能化学习的积极性，培养学生对信息智能化的学习兴趣，进一步掌握信息化技能，引导学生养成文明上网等良好的学习习惯。

制定促进学校信息化建设的行动计划，关注如何通过"互联网+"与课程整合提高教师的教学效益，进而提升学生的学业成绩。这一计划凝结学校领导的心血和全校师生的努力。

因此，必须具备先进的教育思想和信息化技术观，通过三年的发展目标和规划，对学校现代教育技术的现状和未来的发展有一个较高的、客观的认识。经过不懈的努力，使学校的教学质量不断提高，学校的现代信息化教育达到同类学校的先进水平。

六、工作过程

1. 第一阶段：实验校准备启动阶段（2020年9—11月）

（1）进行调研，广泛听取意见，针对教师教育教学的需求，完成"互联网+教育"行动示范校的实施方案，聘请专家、学生代表、教师代表、家长代表，召开会议，论证"互联网+教育"实施方案的可行性；

（2）完成"互联网+教育"教学应用的硬件、软件设施的规划，上报相关部门批准并备案；

（3）制定"互联网+教育"建设三年规划；

（4）以"互联网+"理念、技术为着力点，加大教师应用技能培训工作；

（5）召开启动会，明确责任和实验内容，安排部署启动工作。

2. 第二阶段：实验校深化推进阶段（2020年6—12月）

开展各种形式的"互联网+教育"实践探索、培训研修、工作机制建设、制度制定完善、教研和成果交流、督导评估等，形成多种有推广意义的做法、经验和工作模式及成果。

3. 第三阶段：实验校全面推进阶段（2021年初—2022年底）

在宁夏全区"互联网+教育"行动示范校的基础上，初步达到信息化应用技能在教师中广泛应用，教师队伍建设水平普遍提升的目标。

（1）继续做好信息化环境下教师信息技术专业成长工作；

（2）专家引领，立足课堂，引导教师以全新的理念，熟练的信息化技能服务教学；

（3）运用智能评课系统，做好课堂智能化评价，逐步引导智能化课堂步入正轨。

4. 第四阶段：总结提升阶段（2023年初—2024年底）

对试点工作进行全面总结提炼，引入第三方机构进行试点工作评估，系统形成在全市具有示范性、可复制、可借鉴的"互联网+教育"工作经验和成果。对地区、学校和教师进行考核评价及奖惩。

（1）"互联网+教育"行动成果展示；

（2）教师应用技能再提高；

（3）经验推广。

七、工作保障

从思想、制度、组织、资金方面健全实验校的保障机制，确保学校"互联网+教育"示范校取得良好成绩。

（一）思想保障

在承担"互联网+教育"示范校工作进程中，要突破体制和认识上的制约，以"技术推动教育变革"为核心理念，围绕教育观念更新和教育生态体系重构，及时实现教育理念、教育管理的变革，促进教师队伍管理和教师队伍治理模式转变，促进教师专业发展和成长方式的转变，不断破解学校教育和教师队伍建设所面临的难题，下定改革的决心，坚定推进示范校工作深入开展，把示范校工作作为学校的重点工作组织实施好，全面推动学校教师队伍建设改革，为全市树立标杆。

（二）制度保障

（1）将"互联网+教育"应用推进列入学校三年发展规划。学校必须在教育管理、教育教学过程、教育教学资源建设、教育科研、家校联系等方面深入提升信息化技能应用层次，做好规划，确定目标，提供保障。

（2）学校每学年举行一次"互联网+教育"教学应用的评比活动；每学期举办一次信息化技能应用培训（请进来），每学期安排不同学科教师外出参加一次信息化技能应用实地培训学习（走出去）。

（三）组织保障

加强制度建设，提高学校教育信息化的管理水平。学校建立"互联网+教育"推进工作领导小组，形成工作推进机制，制定推进方案，完善相关规章制度，促进学校设备的规范管理和使用，保障各项工作的探索与实践。具体负责本部门对项目推进各项工作的安排、指导、支持与协调。安排如下：

1. 领导小组

组　　长：王生雄

副组长：韩定春　温云霞　施原旗　孟祥龙

组　　员：王小燕　武小丽　范玉雄　高力文　蔡　翔　钱军林

2. 工作小组

（1）教科研组

组　　长：温云霞

副组长：武小丽

组　　员：赵咏梅　李金秀　方琰芸及各备课组长

（2）技术指导组

组　　长：蔡　翔

组　　员：黄　欣　贺凤仙　翟小严　李小婷

（3）后勤保障组

组　　长：施原旗

副组长：蔡　翔　高力文

组　　员：孟祥龙　方琰芸　李兴为

3. 工作实施联系人

蔡翔

（四）经费保障

多方筹措资金，落实学校信息化建设项目开展需求预算，确保"互联网+教育"建设与应用的维护和更新需要。

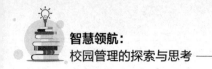
智慧校园的应用探索

随着"互联网+5G"时代的到来，ARVR、人工智能、大数据等技术的快速发展，以及移动学习终端设备的大规模普及和应用，"智慧课堂"理念也应运而生，给课堂教学带来了前所未有的冲击和改变。在教育厅和县委、县政府、教育行政部门的大力支持和关怀下，自2012年以来盐池县第五小学对"互联网+教育"智慧校园建设进行了探索与实践，取得了一些成效。借着"互联网+教育"标杆校的东风，探索"4+N+1"管理模式，创新"635"课堂教学2.0模式，助推智慧校园建设，形成"智慧管理、智慧课程、智慧教学、智慧环境"四大智慧服务领域；推进新技术与教育教学的深度融合，面向教育强国建设新征程，"互联网+教育"将进一步赋能教育教学创新，为促进盐池县义务教育优质均衡发展提供有力支撑。

下面从学校的基本情况、智慧校园建设、管理、应用一体化和今后的思考与展望三个方面进行阐述。

一、学校的基本情况

学校坐落于宁夏回族自治区东部干旱地带——中国滩羊之乡盐池县，是2010年8月县委、县政府为解决进城务工人员子女"入学难"创建的一所全日制小学。校园环境优美宜人，硬件设施配备齐全。创建"两园一室一学堂"文化阵地，形成"立红烛先锋　育时代新人"党建品牌。

近年来，在上级党委、政府和教育行政部门的大力支持和关怀下，学校成功入选首批全国中小学科学教育实验校，同时荣获教育部第一批教育信息化试点单位、全国消防安全教育示范校、司法部"零犯罪学校"、国家节约型公共机构示范单位、全国传统文化传承学校、自治区党的理论创新"七进"示范点、全区安全规范化管理示范校、全区示范家长学校、全区民族团结示范校、自治区教育厅"五星级基层党组织"、自治区教育厅党建示范点、自治区法治示范校、自治区"互联网+教育"标杆校、自治区"互联网+教育"四星级智慧校园、自治区铸牢中华民族共同体意识示范校、全区教育工作先进集体、自治区优质教育集团学校、全区劳动教育示范校、吴忠市教育工作先进集体、吴忠市德育先进集体、吴忠市特色学校、吴忠市文明校园等50多项荣誉称号，自2017年以来有4个案例入选教育部优秀典型案例，近年来教师参加教育部"一师一优课"和"四课"活动获评优课20余节。

二、智慧校园"建""管""用"一体化

基于"互联网+教育"智慧校园建设探索与研究工作，我们开启了智慧校园的"建设、管理、应用"之路。

（一）"互联网+教育"智慧校园——"建设"

自2010年8月建校以来，学校经历四个重要的发展阶段。

第一阶段：信息化推进阶段（2012—2014年）

（1）2012年入选教育部第一批教育信息化试点单位。

（2010年建校初学校面临诸多困难与问题，学校决定走信息化发展道路，因此，开启了信息化推进探索之路，在办学条件上解决了一些基础问题。）

（2）为将信息化应用落实到课堂，于2014年承担盐池县构建高效课堂试点校任务。

（经过三年的试点工作，借助专家团队初步探究"635"课堂教学1.0模式，将信息化应用向前推进了一步，搭建了多媒体学校环境。）

第二阶段：进入"互联网+教育"阶段（2015—2018年）

（1）随着信息化逐年推进，探索《以信息技术促进学生个性化学习》案例，于2017年获评教育部教育信息化优秀案例。（是2017年宁夏唯一一篇入选教育部的教育信息化案例。）

（2）2018年被确定为自治区"国培计划"示范校。

同时，学校被确定为教育部第一批教育信息化试点优秀单位。

第三阶段："互联网+教育"标杆校建设阶段（2018—2021年）

（1）2018年宁夏被确定为全国"互联网+教育"试点区，学校也随之被确定为自治区"互联网+教育"标杆校。

（借助标杆校的优势，完善学校的硬件建设，搭建了学习环境。）

（2）2020年被确定为宁夏中小学教师信息技术应用能力提升工程2.0省级示范校。

第四阶段："互联网+教育"智慧校园建设阶段（2021年—至今）

（1）在智慧校园建设过程中，2022年撰写信息化2.0提升工程，整校推进案例《创新"635"课堂教学模式助力三个课堂深度应用促进区域教研共同体高质量发展》和教学应用创新案例《大青树下的小学》，两个案例都获评2023年全国中小学教师信息技术应用能力提升工程2.0优秀典型案例；全部入选国家中小学智慧教育平台。

（2）2023年在全区组织专家团队考核验收，确定为自治区"互联网+教育"四星级智慧校园。

（二）互联网+教育智慧校园——"管理"

2022年10月31日，中央教育工作领导小组秘书组、教育部党组印发《关于教育系统深入学习宣传贯彻党的二十大精神的通知》中，提到了教育数字化转型的5个工作方向，其中，"构建数据驱动的教育治理新模式"，也正是我们作为标杆校要探索的"教育治理"方向。

通过"云—网—端"模式全面赋能，使信息识别更精准、管理服务更智慧、学校组织体系更灵活。同时，以管理信息化和智能化为支撑，提升教育公共服务水平，促进教育治理体系和治理能力的现代化。依托大数据、云计算、人工智能等技术，实现对教育教学系统全体系、全流程、全天候、全方位的动态监测，促进教育服务供给精准化、资源配置最优化和教育管理精细化。

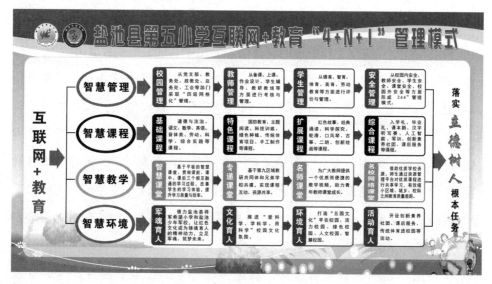

图1-1-1

　　因此，我们分类别、分层次探索"4+N+1"智慧管理模式和创新"635"课堂教学2.0模式，坚持"统筹规划、创新应用"的原则，采取建章立制、发展规划、联动机制、考核机制、校本培训及其相应的管理、指导和服务等工作方法，保证智慧校园建设和数字化应用顺利进行。在今后智慧校园数字化转型中，将发挥重要作用。"4+N+1"的管理模式，"4"是"智慧管理（包括：校园管理、教师管理、学生管理、安全管理等）、智慧课程（包括：基础课程、特色课程、扩展课程、综合课程等）、智慧教学（包括：智慧课堂和三个课堂）、智慧环境（包括：军魂育人、文化育人、环境育人、活动育人）"四大智慧服务框架（图1-1-1）；智慧校园"N"个应用生态圈，我们利用数据连接，将其应用到校园各个方面；落实"1"个根本任务"立德树人"。通过"4+N+1"管理模式，实现对现有教育教学和教育管理流程的梳理，优化流程，以数据为核心、智慧为基础、学校数字基座为关键点，为教育数字化建设提供助力。

1. 智慧管理，提高学校办学品位全面化

　　创建智慧校园工作平台，通过"互联网+"的技术有效促进学校各项工作

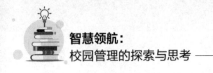

有序开展，实现互联网+学校管理、互联网+教师管理、互联网+学生管理、互联网+安全管理等各领域各环节教育管理信息的互联互通，从而减少不必要的人力、物力和财力，实现学校管理的自动化、个性化、科学化和智慧化。

学校科学合理地制定了智慧校园建设方案，学校管理从党支部、教务处、政教处、总务处、工会等部门采取"四级网格化"管理模式；教师管理从备课、上课、作业设计、学生辅导、教研教培等方面进行考核与管理；学生管理从德育、智育、体育、美育、劳动教育等方面进行评价与管理，形成"五育融合"全面发展的新局面；安全管理从校园安全、教师安全、学生安全、课堂安全、校园外安全等方面，形成"344"管理模式。不断探索与创新学校的管理方式，全面提高办学品位，实现管理的智慧化。

坚持走学校内涵式发展道路，促进学校办学品位显著提升，从"管理型"理念转向"智慧型"理念，从学生成长"引路人"向学生成长"铺路人"转换。

2. 智慧课程，促进学生全面发展多元化

在数字化建设时代，校园信息化建设顺应数字化发展的趋势，加强优质教学资源建设，推动教育教学模式的改革，提高教学质量和管理效率，为教师和学生的全面发展创设良好的信息化支撑环境，已成为学校教育现代化及教育信息化发展的重要途径和有力抓手。因此，教育要从"以学科为中心"向"以学习者为中心"转变，为学校带来新挑战。

学校以学科组、教研组为依托，组建课程项目小组，本着团队合作研发和个人研发相结合、校内资源与校外资源相结合、线上和线下相结合、国家课程与校本课程资源相结合的原则，构建了四纵五横的校本智慧课程体系。结合国家课程、特色课程、扩展课程、综合课程四类课程，围绕学科核心素养构建了道德与品质（德育）、语言与科技（智育）、体育与健康（体育）、艺术与审美（美育）、劳动与实践（劳动）五大课程领域（图1-1-2）。

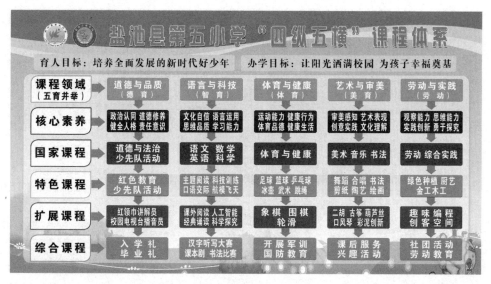

图1-1-2

聚焦核心素养，依托智慧课程。组织开展教学教研活动、"5+2"课后服务活动、社团活动、综合实践活动等，通过智慧课程培养学生的创新精神和实践能力，培养德智体美劳全面发展的新时代好少年。

3. 智慧教学，探索学生学习方式个性化

智慧教学的探索与实践，主要体现教师"教"和学生"学"的方式上的转变。在新课标理念下，"五项管理""双减"政策下，落实两个有效（有效课堂、有效作业），"635"课堂教学1.0模式已不适应时代的需求，因此，学校要创新"635"课堂教学2.0模式。促进学生个性化学习、自主学习、有效学习，减轻学生过重的学业负担，推动基础教育质量在县域内均衡发展。

经过反复探索与认真总结、提炼，我们总结出了具有盐池五小特点并具有一定实效的"635"课堂教学2.0模式（即六环三段五特征的课堂）（图1-1-3）。

在"互联网+教育"背景下建构的"635"课堂教学模式新形态，丰富课堂教学内涵，提升学生学习效能。

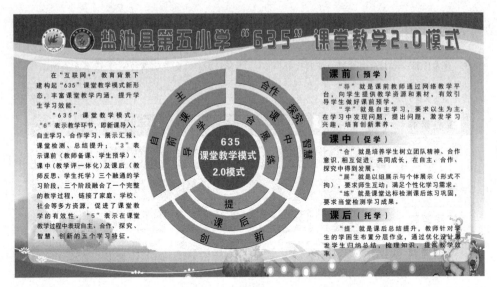

图1-1-3

"635"课堂教学2.0模式："6"表示教学环节，即新课导入、自主学习、合作学习、展示汇报、课堂检测、总结提升；"3"表示课前（教师备课、学生预学）、课中（在课堂上教学评一体化）及课后（教师反思、学生托学）三个融通的学习阶段，三个阶段融合了一个完整的教学过程，链接了家庭、学校、社会等多方资源，促进了课堂教学的有效性。"5"表示在课堂教学过程中表现出自主、合作、探究、智慧、创新的五个学习特征。

"635"课堂教学2.0模式，是向教学个性化转变，树立智慧课堂、特色意识；由研究"教师教什么"和"怎么教"向研究"学生学什么"和"怎样学"转变，树立角色转换意识，把课堂还给学生，落实"两个有效"，减轻学生课业负担。

4. 智慧环境，助力学校创新发展数字化

随着"互联网+教育"智慧校园建设和首批全国中小学科学教育实验校工作推进，实现教师队伍建设与"互联网+"全面融合，构建"以校为本，基于智能、应用驱动、注重创新"教师信息化智慧应用环境。打造信息化引领团队，推进"互联网+"与教育教学融合创新发展。形成学校数字化发展规划，推进智慧校园、人工智能、数字化校园建设；探索教育、教学、教研、管理、评价等领域的创新发展。

（1）建设多媒体教学环境：有实验室、音乐室、舞蹈室、古筝室、美术室、书法室、图书室、阅览室、多功能大厅等50间多媒体教室。

（2）建设混合学习环境：近几年建设了计算机网络教室3间、创客教室1间、科普实验室1间、校园电视台1间、民乐教室1间、教师平板48台、学生平板520台、在线课堂资源7套等学习资源。

（3）建设智慧学习环境：智慧教室6间、纸笔互动智慧教室1间、智慧钢琴教室1间、智慧书法教室1间、人工智能创新实验室1间、录播教室2间、智慧研训室1间、48个智慧班牌、65套巡课系统、智慧阅读教室1间（可满足2个班学生上智慧阅读课）等智慧校园设施。

信息化环境集传统教育与"互联网+教育"为一体，为学校创建智慧校园奠定了坚实的基础，助力学校创新发展数字化，教育现代化。

（三）互联网+教育智慧校园——"应用"

在推进智慧校园应用中，我们始终坚持四个原则：第一，以学生为中心，关注个体差异，满足学生个性化需求；第二，遵循教育教学规律，科学合理地运用信息技术；第三，坚持创新驱动，鼓励教师参与智慧课堂的探索与实践；第四，强化校本资源整合，优化智慧课堂设施配置，加强国家智慧教育平台的深度应用。采取"制定方案、研究策略、分步实施"方式，全程实时掌控、重点指导，确保"三个课堂"建设和"635"课堂教学2.0模式有效推进，实现校园智慧化、数字化。

1. 技术赋能——让"教"点亮三个课堂（智慧课堂）

借助"三个课堂"打造三级（县域外、本部、县域内）分层联动的智慧课堂，促进义务教育优质均衡发展，推动基础教育质量提升。

（1）"三个课堂"，助推优质均衡发展

"三个课堂"实施策略。逐步完善实施"一二三四五"的工作策略：

一个目标，是推进城乡一体化发展；两个坚持，是坚持"线上线下、双

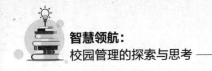

向互动"、坚持研训为重，课题引领；三个统一，是统一课表及进度、统一教师及管理、统一考核及评价；四个到位，是师资到位、培训到位、技术服务到位、激励机制到位；五个"一"保障（组、建、选、排、定），组一套有信息化领导力的班子、建一支"有技术+行动力"熟悉设施设备规范操作流程的团队、选一批有教学经验的专业学科教师、排一张短缺课程为主与精品课程为辅的课程表、定一些立足长远促进专递课堂规范运行的制度。

一是专递课堂：开直通车，建立共同体。"要致富，先修路"，建立"互联网+"教育背景下在线互动课堂，采取一拖一和一拖二的方式，经过反复总结，提炼出专递课堂四共模式（即共备、共教、共学、共研），除实现点对点、点对多、多点互动的音视频同步交流、直播、录播、点播等外，还可以让校本名师在主播室授课，学生在接收教室共享名师课堂，依托宁教云平台，面向薄弱校开展部分学科的网络教研、教学、青年教师培养等活动，实时授课和联合教研共享，以最有效方式解决薄弱学校短板问题，逐步完善资源库建设，为集团校"三个课堂"应用奠定基础。

二是名师课堂："三双共建"树品牌。充分发挥集团校骨干教师、名师的辐射引领作用，积极开展"双培双带双促进"活动。让乡村每一名教师与城区一位骨干教师结成师徒，定期开展线下送教、跟岗指导、线上网络教学教研、线下"走教"活动，做到"六有"（有计划、有教案、有听课、有帮扶、有反思、有总结），开展专题讨论，推进课题研究，开展各级骨干教师、名师为薄弱校教师培训讲座、送教等活动，促进城乡学校一体化均衡发展。

三是名校网络课堂，实现资源共享。"志合者不以山海为远，道同者不以时空为界"。借助"国家资源服务平台""宁教云"等多个平台，实现远距离教研资源共享，教育均衡发展。借助"互联网+"优势，利用名师课堂、名校网络课堂先后与成都紫藤小学、芳草小学、浙江江北惠贞书院、陕西杨凌高新小学等学校开展网络研讨活动。形成县域外线上联动教学模式，实现优质资源共享。

因此，我们将区域外优质资源再传输给我们县域内薄弱学校，形成"县域外+本部+县域内"优质资源链条传输闭环模式，真正意义上实现"互联网+"背景下城乡一体化发展。

（2）纸笔互动智慧课堂，提升教学效率

在智慧校园的建设中，为创建一个更便捷、更高效、更智慧的教学环境，基于当时的条件我们选择了纸笔互动智慧课堂的建设。纸笔互动智慧课堂是基于教育云服务及应用，搭载智慧教学终端、纸笔互动智慧学习终端及智慧课堂软件，实现简易、实用的课堂即时互动教学及教学反馈，支持丰富、灵活的翻转课堂在线学习功能，覆盖学生课前、课中、课后全流程学习场景，完善学情数据分析，构建个性化智慧学习环境，真正提升学生学习成效、帮助学生全面成长。

一纸笔互动智慧课堂优势：具有交互式教学体验、精品教育资源、在线翻转学习、分层个性化教学、即时互动反馈、安全管控、学情数据分析、便捷操作、定向跟踪、优质环境、纸笔互动等优势。

二纸笔互动智慧课堂效率：可以展示多个学生的作业并进行点评，提高课堂效率，教师能很好地掌握学生的学情，并针对性地解决学生们存在的共性问题。纸笔互动课堂实现信息技术与教学的有效融合，打造一堂又一堂精彩、生动、有趣的课堂。

（3）"互联网+"智慧课堂，推动数字化转型应用

随着5G、人工智能、大数据、"互联网+"等技术的快速发展，以及移动学习终端设备的大规模普及和应用，数字化应用给课堂教学带来前所未有的冲击和改变，基于此我们正在数字化转型应用探索的路上走向纵深。

利用"互联网+"的思维方式和大数据等信息技术打造富有智慧的课堂教学环境，在教学决策、评价反馈、交流互动、资源推送等方面实现了数据化、智能化，促进传统课堂教学内容与方式的全面变革，为智慧的教与学提供先进的技术支撑。与宁夏云平台实现无缝对接，利用宁夏云平台教学资源、教学助手、云校家等功能，开展智慧教学，为学生重构"课前预学—课中促学—课后托学"的信息化学习环境。提高学习兴趣和教学质量，提升师生的信息化能力

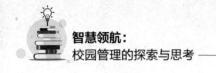

和信息化素养。减轻教师的教和学生的学的负担，提高学习效率，达到减负增效的效果，为学生赢得足够的课外活动时间。同时为学校培养一批信息技术和优质教育教学资源使用率高的带头人。

2. 依托平台——让"读"开启学习之窗（智慧阅读）

（1）落实课标，建设平台：为落实新课标，推动整本书阅读，拓宽学生阅读视野。创造智慧阅读环境，准确掌握学生阅读情况。学校启动了智慧阅读项目建设，让每位学生都能够享受到丰富的阅读资源，并进行阅读测评，提升阅读质量和效果。建设一体化的智慧阅读空间，提供丰富的学习资源，为师生提供阅读智慧环境与阅读效果分析工具，关注学生、关注老师、关注阅读，学生和老师之间可以互相交流和分享。

在学校自建阅读平台的基础上，时刻关注国家智慧教育公共服务平台的阅读平台上的教育资源。

（2）利用平台，智慧阅读：3—6年级语文老师上阅读课，利用每周一至周四课后服务时间开展整本书阅读；整本书阅读指导课，一般可以分为三个阶段、三种课型。即学生阅读前的"导读课"，阅读中期的"推进课"，读完书的"交流课"。丰富阅读媒介，完善阅读形式，打造个性化的阅读空间。帮助学生从简单的信息获取到知识创造、互动分享的延伸与转变，阅读行为更加生动多样，并且可以保存阅读记录，根据学生阅读习惯提供个性化推荐，使阅读散发无限趣味。同时系统支持根据不同的学生科学分级、分类阅读，做阅读的加法。通过信息化的手段，可以让教师挖掘与学生相关的表现，分析学生已经掌握的内容，评估阅读的时长，利用阅读大数据来协助学校阅读的推进和改善。让学生通过阅读积累大量词汇、丰富多彩的语言表达形式，提高学生的阅读能力和表达能力。

3. 依托团队——让"研"一起群策群力（智慧教研）

（1）实现校本教研智慧性

利用国家中小学智慧教育平台、宁夏云平台教学资源、教学助手、云校家等功能，开展智慧教学和校本教研，为学生重构"课前预学—课中促学—课后托学"的信息化学习环境，实现校本教研智慧化。

研训室建课堂行为分析系统，实现在线听课评课及教研活动，对教师的教学行为进一步跟进，对学生的上课行为进一步地掌握；有效地开展校本教研和教学常规指导。并且借助大数据、人工智能等技术，实现学生课堂行为分析，为学校教研进一步提升课堂质量提供数据支撑。通过课堂教学行为分析系统，智能获取学生课堂参与度、契合度、疑惑度与活跃度，分析学生的听讲效率，对知识的理解、接受情况。根据学校需求灵活定制评价量表，教师通过在线参与评价。支持课中与课后评价，让教研评价不受时空限制。

（2）实现县域内教研互动性

改变原来远程互动教学的弊端，实现线上一拖一或一拖多的教学，影像、声音、数据、资源都能实时同步，智慧教室系统把大家紧紧连接在一起，沉浸式参与、音视频同步、全方位互动，实现主讲教室与参与教室异地同步的师生、生生、人机高效的互动；搭建起跨地区的优质教育资源互惠、共享平台，加速推进智慧教育管理模式和学习方式新变革，将远程共享智慧课堂常态化应用，真正实现跨地域的优质资源共享，促进学术交流与教育均衡化发展。比如高力文老师《渔歌子》教学充分突出了智慧教室的优势，让盐池五小和高沙窝小学两校的学生通过对学、群学的方式参与到课堂中来，使课堂上的互动变得更加有效。

（3）实现县域外教研共享性

通过远程共享智慧课堂搭建县域外教研活动。由名师分享智慧教育实践成果，营造教师远程互学促学的教育氛围；促进异地教育研讨、加深两地学术交流、共享双方教学经验。盐池五小与成都芳草小学、紫藤小学、银川金凤区二小、银川金凤区四小、银川金凤区五小、陕西杨凌高新小学、浙江江北惠贞书院等地开展多次"互联网+远程共享智慧课堂"教学研讨活动，为异地两校创造了一个视觉和思维的双重冲击，实现真正意义上的"互联网+教学、教研、评价、学习"的融合。与此同时，也有教师通过手机对这两节课进行在线实时评价，大家各抒己见，有认同、有疑问、有建议，以这样的方式参与，老师们不仅是在评课，更是在学习。接着，两地教研员、教研组长、老师进行线上议课。结合数字化教研与学科深度融合的议题进行议课研讨，对两位做课教师给予充分的肯定，也就存在的问题谈出了各自观课的观点、思考、收获等。远程教研改变了传统方式，实现了线上互动。还从数字资源评价中看到了教师对"互联网+"运用的程度，通过"苏格拉底式和课堂行为分析系统"大数据的应用促进了教师专业化成长，推动了智慧校园建设步伐。

三、智慧校园建设思考与展望

学校要紧跟大数据、人工智能时代的步伐，加快智慧校园建设和数字化转型。未来，数字化转型不仅是技术的升级，更是思维和逻辑的转变。近年来，学校借助"互联网+教育"标杆校的东风，利用国家中小学智慧教育平台，宁教云开展的各项活动稳中求进，"智慧课堂"在区域内中小学阶段已实现常态化应用，有利于促进城乡优质教育均衡发展，有利于解决薄弱学科短缺的问题，有利于推动宁夏基础教育质量不断提升。

（一）大数据技术的应用

在智慧教学中通过对大量教学数据的挖掘和分析，可以了解学生的学习需求、兴趣点和学习效果，对教育理念、教育方法和教育公平产生深远的影响。智慧课堂随着信息化、数字化、智能化和数智化的逐步转型更加智慧。

（1）信息化是利用信息技术来管理和处理信息，以提高教学效率和管理水平。信息化强调的是信息技术在组织内部的应用，包括信息系统、数据库管理、办公自动化等。通过信息化，可以更好地管理和利用信息资源，提升教学效率，增强技术应用能力，实现数字化转型。

（2）数字化是将模拟数据或过程转换为数字形式进行处理和管理的过程。在数字化中，信息被转换为数字信号，以便于存储、传输和处理。数字化可以涵盖多个领域，包括数字化文档、数字化媒体、数字化制造等。通过数字化，我们可以更方便地分析教学数据和共享数据，实现信息的高效利用和价值再创造。

（3）智能化是利用人工智能技术和算法，赋予系统自主学习、推理和决策能力，使其能够模拟人类的智能行为。智能化的应用包括智能机器人、智能语音助手、智能制造等。通过智能化，系统可以更具智能，实现自动化操作和智能决策，提升课堂效率和教育质量。

（4）数智化是利用大数据和数据分析技术，从海量数据中提取有价值的信息，以支持决策和创新。数智化强调的是数据的管理、分析和应用，包括数据采集、清洗、存储、分析和可视化等。通过数智化，可以更好地理解数据背后的规律和趋势，进行精准教学和创新实践。

（二）人工智能教育发展趋势

（1）在1983年，邓小平就提出了"教育要面向现代化、面向世界、面向未来"的口号，为我国教育事业发展前景做出了科学概括，为我国教育改革和发展指明了方向、明确了任务。教育最重要的一个特点是其超前性，即教育是面向未来的，教育是在为未来社会做人才准备的。回溯人类历史，正是由于教育的超前性，才能源源不断地满足社会发展所需的人力资源，从而造就社会和经济的发展。

（2）随着人工智能技术的加速推进和发展，教育的发展战略、前瞻性谋划，越发时不我待。在人工智能时代，要求我们对所有人才的教育需要有所改变。我们培养的人才要有面向未来的能力，只有知识还不足够，更要有能力；只有能力还不够，更要有领悟。在未来课堂教学中，学生可通过VR+AI体验真实的学习场景，实现身临其境的学习；在课后，AI可针对不同水平的学生提供个性化作业，确保每位学生都能实现最大程度上的进步。我们需要更加注重培养孩子的创新能力和创造性思维，而不是简单地灌输知识。同时，教师角色也可能发生变化，需要更多地引导学生思考、发现问题和解决问题。

（3）在教育内部，人工智能将为教学提供丰富的资源与服务、构建更为高效的智能学习环境，支持教师开展规模化、个性化的教学和创新课堂教学的模式，推动教与学的内容不断更新、教学环境不断发展和教学方法不断进化。

　　总之，"工欲善其事，必先利其器"，未来必须加强数字化教学环境建设，为教师提供必要的教学设备和平台，以支持教师持续进行数字化教学实践，提升数字素养，从而更好地适应数字化时代的教育变革，培养数字化时代的科技创新人才。

第二节　教师管理

教师"县管校聘"工作实施方案

为稳步推进学校教师"县管校聘"改革，根据自治区教育厅、自治区党委机构编制委员会办公室、自治区财政厅、自治区人力资源和社会保障厅《关于实施中小学教师"县管校聘"改革的指导意见》（宁教人〔2021〕15号）和《中国共产党盐池县委员会教育工作领导小组关于印发〈盐池县中小学教师"县管校聘"改革试点工作方案〉的通知》（盐党教〔2021〕2号）精神，制定本方案。

一、指导思想

以习近平新时代中国特色社会主义思想为指导，深入贯彻落实党的十九大、十九届二中、三中、四中、五中全会和全国教育大会精神，全面深化中小学教师管理制度改革，坚持中小学教师"以县为主"管理体制，按照"总量控制、统筹调配、竞聘上岗、合同管理"工作要求，切实加强全县公办中小学在编在岗教师的统筹管理，优化中小学教师资源配置，激发中小学办学活力，推进教育治理体系和治理能力现代化。

二、工作目标

2021年，遵照全县公办中小学校在编在岗教职工（含新招聘教师）中全面实施"县管校聘"改革工作要求，进一步完善学校人员编制、人员结构、岗位设置、交流轮岗、校管岗位聘用、绩效工资分配、考核奖惩等教师管理机制；建立教职工编制、岗位和年度专业技术职务评聘计划总量控制机制，合理定编设岗，规范教师聘用管理，提高教育教学管理能力，引导广大教师更加忠诚和热爱教育事业，实现教师由"学校人"向"系统人"的转变，有效解决教师阶段性缺编和学科性缺编问题，促进教师资源合理配置。

三、组织领导

工作小组由现任领导班子成员组成，中层及以上领导班子竞聘结束后调整组织领导。

1. 领导小组

（1）组长：王生雄（党支部书记、校长）

（2）副组长：韩定春（党支部副书记）

范旭东（副校长）

温云霞（副校长）

施原旗（副校长）

（3）成员：田　银（办公室主任）

尹学芹（政教主任）

崔桂玲（教务主任）

孟祥龙（总务主任）

蔡　翔（信息中心主任、工会主席）

领导小组全面负责"县管校聘"组织实施工作，由办公室主任田银负责日常具体工作。

2. 工作小组

（1）组长：王生雄（党支部书记、校长）

（2）副组长：温云霞（副校长）

韩定春（党支部副书记）

范旭东（副校长）

施原旗（副校长）

（3）成员：田　银（办公室主任）

尹学芹（政教主任）

孟祥龙（总务主任）

蔡　翔（信息中心主任、工会主席）

段爱芳（年级组长、语文教师）

马景龙（数学教师）

方琰芸（综合教研组长）

工作小组全面负责岗位竞聘组织实施工作，由副校长温云霞负责组织实施。

3. 仲裁小组

（1）组长：王生雄（党支部书记、校长）

（2）副组长：韩定春（党支部副书记）

（3）成员：温云霞（副校长）

施原旗（副校长）

蔡　翔（工会主席）

田　银（办公室主任）

仲裁小组全面负责人事争议、仲裁等相关工作，人事仲裁办公室设在党建室，由党支部副书记韩定春负责日常工作。

四、竞聘原则

（1）坚持按需设岗、竞聘上岗、合同管理、绩效激励的原则。

（2）坚持以德为先、能力为重、注重实绩、岗位适配的原则。

（3）坚持民主集中、学校需求与个人意愿相结合的原则。

（4）坚持公开、公平、公正的原则。

五、竞聘范围及方式

（1）全校在编教职工（含2020年新招聘特岗教师）。

（2）按照校内直聘、校内竞聘、跨校竞聘的流程，采取逐级竞聘方式进行。

六、竞聘基本条件

（1）遵守国家法律和校纪校规，具有良好师德。

（2）身体健康，能坚持正常工作，服从安排，完成岗位职责和任务。

（3）教师应具备相应教师资格证和规定学历。

（4）有下列情形之一的"一票否决"：

① 违反政治纪律，造成严重影响的；

② 不遵守教师职业道德规范或不执行学校规章制度，且屡教不改的；

③ 本年度考核不合格的；

④ 不积极响应上级部门规定和政策的，在单位中组织或带头拉帮结派的；

⑤ 工作敷衍塞责、推三阻四，不认真履行岗位职责的；

⑥ 不服从学校工作安排或消极怠工，给学校工作造成损失的；

⑦ 造谣惑众或故意散播谣言，给学校和谐稳定造成较坏影响的；

⑧ 因工作失职，造成安全事故的。

七、岗位设置

学校2021—2022学年共预设班额48个，学生约2505人，拟设置岗位152个，其中专业技术岗位132个（按照师生比1：19计算），工勤岗位（按照实际工作需要设置）20个。根据县教体局"县管校聘"工作实施方案文件精神，学校岗位设置情况如下。

1. 管理岗位（10个）

党支部书记、校长1人，党支部副书记1人，副校长3人，办公室主任1人，教务主任1人，政教主任1人，总务主任1人，信息中心主任1人，管理岗位人员同时兼任相应学科教学工作。

2. 教学岗位（112人）

语文教师48人，数学教师24人，英语教师4人，道德与法治教师6人，科学教师4人，体育教师10人，美术教师6人，音乐教师6人，综合实践教师4人，校本课程由语、数教师兼任，班主任48人由学科教师兼任。教师岗位工作量标准以周课时数计算，每课时40分钟。具体标准为：语文、数学每周12—14节，其他专任教师每周16—18节。周课时数下限以语文、数学课时为标准确定，其他学科教师周课时数折算标准及学校管理人员、教职工的工作量由学校根据满负荷原则，结合实际确定。

3. 辅助岗位（10人）

工会、大队辅导员、教务副主任、政教副主任、信息中心副主任、财务人员（报账员）、年级组长、党务干事、办公室干事、教务员、政教员、名师工作室、妇女主任、经审主任、教研组长、团支部书记、学籍管理员、档案管理员、后勤管理员、图书室管理员、教师阅览室管理员、实验室管理员、仪器室管理员、学生阅览室管理员、微机室管理员、人工智能管理员、智慧钢琴管理员、录播教室管理员、智慧教室管理员、书法教室管理员、广播室管理员、卫生室管理员、在线课堂管理员、文印室管理员、合唱室管理员、舞蹈室管理员、服装室管理员、冰壶室管理员、乒乓球室管理员、心理咨询室管理员、体育器材室管理员、音乐器材室管理员、美术器材室管理员、名师工作室管理员、四楼多功能大厅管理员。以上教辅岗位由学科教师兼任，按课时量计算。

4. 工勤岗位

医务人员、卫生员、炊事员、保安、水电工、门卫、绿化人员。工勤岗位按照实际需求和相关标准购买服务。

岗位名称、岗位数、工作量、岗位职责详见《盐池县第五小学教职工岗位设置表》。

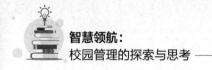

八、组织竞聘

为了稳步推进"县管校聘"工作，在坚持工作原则的基础上，以"大局稳定，内部调整，择优聘用"为整体工作思路，评估教师现任岗位工作实效，形成校内直聘、校内竞聘、跨校竞聘等多种形式竞争上岗和组织统筹调剂相结合的教师资源配置模式。原则上每三年进行一轮"校聘"。设置岗位时校内直聘和校内竞聘人数原则上达到学校教职工总数的95%，跨校竞聘、组织调剂人数原则上控制在5%以内。具体实施如下：

（一）中层及以上领导干部聘用

中层及以上领导干部聘用，根据《盐池县中小学校教职工聘用管理暂行办法（试行）》第四章之规定执行，通过自主报名、资格审查、个人述职、民主测评确定拟聘用人员，公示无异议后予以聘用并报教育部门备案。

1. 自主报名

根据《盐池县中小学教职工聘用管理暂行办法（试行）》的条件，中层及以上领导进行自主报名，原则上不改变现有领导班子构成。

2. 个人述职

经资格审核符合条件的，再由现任领导及教师代表组成评委会进行演讲陈述，时间不超过5分钟。

3. 民主测评

个人述职结束后，在全校范围内进行民主测评。参加民主测评的教师人数至少达到在编在岗教师的85%。

4. 公示

经个人述职、民主测评后，由岗位聘用工作领导小组审核确认拟聘用中层及以上领导名单，在全校进行公示，公示期为5个工作日。

5. 上报备案

经公示无异议后，将新一届领导班子成员名单及工作分工上报教体局备案。

教体局相关领导和教师代表全程参与聘用工作，竞聘副校长的中层应该回避统计测评结果及审核等环节。

（二）教师聘用

第一轮：岗位直聘

1. 个人申请

教师填写《盐池县第五小学直接聘用人员登记表》，并提供符合直聘条件的相应证明材料。

2. 申请条件

学校直接聘用对象指离退休不满三年的教职工（提供身份证复印件）、处于孕产期或哺乳期的教职工（提供医院证明）、服务期未满的新招聘教师、当年调入本单位教职工、正在参与交流（走教）及当年交流（走教）期满返校教师、经教育部门批准选派挂职锻炼或抽调的教师、县级责任督学提供相应文件。符合校内直聘规定的教职工若不满意学校安排的岗位，可参加竞聘上岗，但不再保留原直聘岗位。

3. 资格审核

岗位聘用工作小组对申请教师进行资格审核。

4. 公示

经资格审核无异议后，将直聘教师名单及岗位在学校进行公示。

5. 备案

公示无异议后确定直聘人员名单，并存档备查。

处于孕产期或哺乳期的教职工，按照《宁夏回族自治区女职工劳动保护办法》有关规定享受相关待遇，产假期间岗位工作由学校安排相关人员替代完成，并按规定落实替代人员绩效工资。患有重大疾病的教职工、请假在一年内的，提供县级以上三甲医院诊断证明，并经本校全体教职工会议认可、学校提供认可文件，由学校直聘。男50周岁、女45周岁以上患有重大疾病且经吴忠市劳动能力鉴定委员会鉴定丧失劳动能力的教职工，可办理病退手续。

第二轮：岗位竞聘

竞聘对象为本校教职工（不含已确定的直聘人员和学校领导班子成员）。

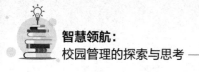
1. 公布岗位

包括岗位名称、岗位数、职责任务、工作标准、任职条件、岗位绩效、岗位工作量等。

2. 个人报名

教职工本人填写《盐池县第五小学岗位竞聘申请表》申请报名，提交教师资格证、职称证复印件等证明材料。竞聘教师须持有教师资格证书，现任学科可以与教师资格证书专业不一致，同时以现任学科为主要考虑因素。规定时间内未提交个人申请的，视为自动放弃竞聘资格。

3. 资格审核

岗位聘用工作小组对申请教师进行资格审核。

4. 现场答辩

竞聘教师要进行现场答辩，主要阐述竞聘原因和下一步工作打算，对工作小组的问题进行答辩。现场答辩按照竞聘班主任语数、非班主任语数、道德与法治、英语、体育、美术、音乐、信息技术、心理健康教育的学科顺序进行。现场答辩不超过3分钟。

5. 公示结果

工作小组根据资格审核、现场答辩、工作业绩及岗位空缺情况综合考虑确定拟聘用人员及岗位，并在全校进行公示，公示期为5个工作日。

6. 上报备案

学校根据聘任情况填写校内竞聘情况汇总表，并将汇总表与空岗数上报教体局。

为保证公平公正，竞聘过程全程摄像备查，由教育部门指派专人进行现场监督和指导。

第三轮：教辅岗位聘用

教辅岗位由学校岗位聘用领导小组结合工作实际予以安排调整。

（三）跨校竞聘

竞聘对象为本校内竞聘未被聘任人员。校内竞聘结束后，跨校竞聘人员可以在全县范围内有空缺岗位的学校参加竞聘。学校根据空缺岗位，制定跨校竞聘方案，由教育部门根据各学校校内竞聘结果公布空缺岗位，提出申请后方可参与跨校竞聘。跨校竞聘人员在同一轮竞聘中只能向一所有空岗学校提交申请。在上一轮跨校竞聘时已经聘任的人员不得再次参加竞聘。

（四）组织调剂

学校聘用工作领导小组对本校已竞聘上岗人员和跨校竞聘上岗人员综合调配，统筹安排，确定或调整其具体工作岗位。教育部门汇总全县各学校竞聘结果，结合学校教育教学实际情况，对未聘用人员进行组织调剂。对未能落实聘用岗位又不服从组织调剂的，当年度起纳入待岗人员管理，待岗时间不超过12个月。

（五）签约聘用

将各类聘用人员名单统一在聘用学校公示5个工作日。公示期满无异议后，学校依法依规与聘用人员签订聘用合同，明确岗位职责，实施岗位合同管理。合同聘期为三年，报教育、人社部门备案。

九、争议处理

教职工如对竞聘工作有异议，可向本校聘用工作领导小组提出书面申诉，学校聘用工作领导小组给予答复处理。若学校在竞聘上岗过程中违背政策和竞聘程序，将坚决予以查处，并追究相关人员责任。

十、落聘管理

由教育部门统筹安排在原学校或缺编学校跟岗培训3个月，跟岗培训期间承担原学校或缺编学校安排的工作任务；培训期间，停发奖励性绩效工资，不能参加高一级专业技术职务评聘和各级各类评优。培训结束后在相应学校进行考核，考核合格的安排到教学岗位，考核不合格的调整至其他非教学工作岗位，并按有关规定调整其工资待遇。

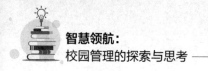

十一、聘期管理

坚持公开、公平、公正原则，以岗位职责为依据，以师德、能力、业绩、贡献为核心，根据《盐池县中小学教职工考核评价指导意见（试行）》，建立健全"岗位能上能下、人员能进能出、待遇能高能低"的岗位管理新机制，形成学校按岗用人、教职工依合同履职、双方靠合同约束的岗位管理新格局。制定教师考评细则，加强对教职工聘期考核工作，建立完善学校、教师、学生、家长和社会多方参与的教师考核评价机制，严格实行师德"一票否决制"，考核结果作为评先评优、职称评聘、绩效工资分配发放及续订聘用合同等工作的重要依据。对考核中工作表现和业绩优秀的教师允许越级竞聘专业技术岗位，首次聘用到专业技术中、高级岗位的，应当聘用到相应层级的最低级岗位。

十二、建立竞聘退出机制

对因其他原因不能胜任教学岗位工作、竞聘不上岗、不服从调剂、拒聘的教师实行转岗、待岗培训和解聘，并落实相应岗位待遇。

1. 转岗

对于不能胜任教学岗位、教师资格定期注册不合格或逾期不注册教师转至非教学工作岗位，不得参加教师系列高一级专业技术职务评聘和岗位等级晋升。

2. 待岗培训

对竞聘不上岗、不服从调剂及违反有关规定的人员，在原学校待岗培训不得超过12个月，并停发奖励性绩效工资，年度考核不能评为优秀等次，不得参加高一级专业技术职务评聘、岗位等级晋升和评优评先。待岗培训结束经考核合格后安排岗位并落实相关待遇。

3. 解聘

待岗培训结束后，经考核不合格的；拒绝参加竞聘的；发生重大责任事故，或者失职、渎职，造成严重后果的；严重扰乱工作秩序，致使学校或其他学校工作不能正常进行的；连续旷工超过15个工作日，或者一年内累计旷工超过30个工作日的；连续两年年度考核不合格的；受到开除处分的；擅自出国或者出国逾期不归的；被人民法院判处拘役、有期徒刑缓刑以上刑罚的；丧失或撤销教师资格的；违反法律、法规规定的其他情形的教职工予以解聘。

十三、实施步骤

1. 动员部署阶段（2021年7月底前）

学习《盐池县中小学教师"县管校聘"改革试点工作方案》，召开全体教职工大会、教师座谈会，组织学习解读相关文件，进一步统一思想认识，明确任务要求、工作步骤和操作流程，加强政策宣传和舆论引导，确保政策宣传到位。成立以校长任组长的工作领导小组，制定本校工作方案。领导小组下设竞聘组和仲裁组等工作机构，按照民主集中制原则，成员由校级领导和德高望重的教师代表组成，其中教师代表由行政提名、民主推荐相结合的方式产生，领导小组成员由班子领导及教师代表共11人组成，在校内公示无异议后报教育部门备案。教职工岗位聘用工作实施方案、聘用合同和岗位设置情况要广泛征求教职工意见，经校委会和教代会表决通过，公示无异议后，报县教育部门审核备案后组织实施。

2. 组织竞聘阶段（2021年8月底前）

按照《盐池县中小学校教职工聘用管理暂行办法》及工作要求，严格竞聘程序，精心组织实施，确保竞聘上岗工作有序开展。

3. 评估考核阶段（2021年12月底前）

教体局高度关注试点工作运行情况，将会同编制、财政、人社等部门对试点工作进行过程性和阶段性评估，总结试点经验，形成阶段性报告。将发现的重大问题及时报领导小组研究审定，并做好自治区评估考核准备。

4. 巩固提升阶段（2022年1月—2023年12月）

在总结经验的基础上，不断完善相关政策措施，巩固改革试点工作成果，建立健全长效机制，推动"县管校聘"改革工作的深入开展。

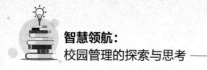

十四、工作要求

1. 提高认识，加强领导

成立由校长任组长，班子成员、优秀教职工代表为成员的竞聘工作领导小组，负责学校岗位竞聘的组织实施工作；同时成立人事仲裁小组，负责处理在岗位竞聘过程中出现的各类问题。

2. 加强宣传，周密部署

组织教师认真学习贯彻落实相关文件精神，并深入细致地做好政策解释、舆论宣传和思想整治工作，确保政策知晓率100%。广泛听取教职工的意见建议，研究制定科学合理的竞聘工作方案，严格执行竞聘工作公示制度。加强风险评估，对竞聘中可能存在的问题困难和风险提早研判；做好预案，把问题解决在基层和萌芽阶段，确保工作顺利推进。

3. 坚持原则，加强考核

竞聘过程要严格执行相关政策规定，坚持原则，严格工作程序和工作纪律，杜绝暗箱操作，切实保证教职工的知情权，维护好教职工的合法权益。对违反规定滥用职权、打击报复、以权谋私的行为，要严肃追究相关人员责任。

教师年度综合考核实施方案

为深入贯彻教育部等六部门关于印发《义务教育质量评价指南》的通知（教基〔2021〕3号）和教育厅等六部门关于印发《宁夏回族自治区义务教育质量评价实施方案》的通知要求（宁教基〔2022〕140号）精神，切实扭转不科学的教育评价导向，深化义务教育教学改革，促进义务教育内涵发展和质量提升，推进教育治理体系和治理能力现代化，根据盐池县《盐池县义务教育质量评价工作的通知》要求，结合学校实际，特制定本实施方案。

一、指导思想

为进一步加强教师队伍建设，促进教师队伍素质的提高，客观公正地评价学校教职工的工作表现和工作实绩，激励督促广大教职工更加自觉地提高师德修养和专业素质，根据教体局有关文件精神，结合学校实际，经学校支委会、行政会通过，特制定学校教职工工作考核办法。

二、考核原则

坚持正确方向、育人为本、问题导向、以评促建的原则；坚持领导与群众相结合、平时与定期相结合、定性与定量相结合、学校考核与社会监督相结合的原则；坚持考核与奖惩挂钩的原则。

坚持正确方向。践行为党育人、为国育才使命，坚持正确政绩观和科学教育质量观，促进义务教育公平发展和质量提升。

坚持育人为本。面向全体学生，注重综合素质评价，促进全面培养，引导办好每所学校、教好每名学生。

坚持问题导向。完善评价内容，突出评价重点，改进评价方法，统筹整合评价，着力克服"唯分数、唯升学"倾向，促进形成良好教育生态。

坚持以评促建。坚持实事求是、客观公正，强化过程性评价和发展性评价，有效发挥引导、诊断、改进、激励功能，促进义务教育优质均衡发展。

三、考核范围和对象

考核对象：全校在编在岗的教职工。

四、考核机构

（一）领导小组

组　　长：王生雄

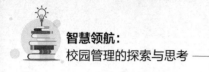

副组长：韩定春　温云霞　施原旗　孟祥龙

成　员：王小燕　武小丽　范玉雄　高力文　蔡　翔　钱军林

（二）考核小组

组　长：王生雄

副组长：韩定春　温云霞　施原旗　孟祥龙

成　员：王小燕　武小丽　范玉雄　高力文　蔡　翔　钱军林及教师代表

（1）考核要坚持客观公正、民主公开，注重实绩原则。

（2）实行领导与群众相结合、平时与定期相结合、定性与定量相结合的方法。

五、考核内容和方式

考核结合《盐池县中小学、幼儿园教师管理办法》及教师职业道德规范有关文件精神，从德、能、勤、绩、廉五个方面对学校教师进行考核。考核满分为100分，分为德（18分）、能（32分）、勤（10分）、绩（35分）、廉（5分）五个方面。德，主要考核政治、思想表现和师德表现；能，主要考核教书育人水平、工作能力、知识更新情况和心理健康状况；勤，主要考核工作态度、勤奋敬业精神和遵守规章制度情况；绩，主要考核履行职责情况、完成工作任务的数量、质量，学校、学生、家长的认可度；廉，主要考核廉洁从教情况，具体落实七部门联合下发的《新时代教师职业行为"十项准则"》情况。对有师德失范情形的实行一票否决制。考核实行百分制量化考核，按得分分为优秀、良好、合格、不合格四个等次。学校成立由校委会、教师代表组成的考核领导小组，负责考核工作，落实考核结果。

1. 德（18分）

热爱祖国，热爱人民，拥护党的基本路线，全面贯彻新时代党的教育方针，自觉遵守教育法律法规和学校规章制度。热爱教育事业，心系学校发展，有强烈的事业心，乐于奉献。服从工作安排，工作积极主动，责任心强。胸襟开阔，团结尊重同事，服务意识强，关心教师的工作和生活。遵守社会公德，作风正派，一身正气，以身作则。廉洁奉公，带头抵制有偿家教，不以权谋私，不酒架醉驾、赌博等违法违纪行为。

2. 能（32分）

树立终身学习理念，拓宽知识视野，更新知识结构。刻苦钻研管理业务、教育教学业务和信息技术应用能力，积极参加继续教育和岗位培训，不断提高行政管理能力和教书育人水平。熟悉相关部门的行政工作，具有系统的科学决策能力，能统揽全局，工作上具有前瞻意识。有较强的组织和协调沟通能力，协调好本部门工作，妥善处理上下级关系。善于做好教职工的思想工作，多方面调动教职工的积极性。（班主任工作考核由政教处统一按照班主任考核细则进行）

3. 勤（10分）

勤于付出讲奉献，拼搏进取挑重担，敢为人先当表率。按时参加各种行政会议和学校活动，工作上积极主动，及时制定部门或相关管理岗位的计划，认真及时落实各项工作任务，不拖拉，不推诿。积极参与学校常规管理，认真值班不脱岗，细致做好过程性管理，详细做好值班记录，发现问题及时反馈整改，遇有重大问题及时向校长汇报。对上级主管部门或学校的临时性、突击性事务工作，不计报酬，加班加点及时完成。周六上午行政正常上班，认真做好双休日及重大节假日值班工作。平时自觉晚办公。勤于理论学习，每学期撰写工作总结和反思，不断提高自身的管理能力。

4. 绩（35分）

努力形成部门或个人的工作作风，重视工作的创造性和实效性。部门或分管工作循序渐进，有条不紊。避免形式主义，及时发现和解决问题，注重工作质量，部门或分管工作成效显著，工作开展有创新、有特色，创建工作卓有成效，工作经验得到认可，在全市推广或受到表扬，获得各级各类先进荣誉。做好部门及分管工作的台账资料，重要材料及时整理归档。重视处室或分管工作的宣传报道。个人教育教学业务成绩在同年级同学科教师中保持中上水平。

5. 廉（5分）

（1）不得收送红包、礼金礼品及违规借转贷或高额放贷；

（2）不得巧立名目乱收费；

（3）不得向学生强制推销学习资料；

（4）不得有偿补课等。

违反以上情形一次扣1分，情节严重者一票否决。

六、考核办法

（1）学校考核：依据《盐池县第五小学行政领导量化标准》进行考核，占综合得分80%。

（2）自我评价：按测评具体要求逐项进行自我评价，占综合得分20%。

（3）综合考核得分分为四等，90—100分的为优秀，80—89分的为良好，60—79分的为合格，59分以下的为不合格。

七、考核时间

考核每学年进行一次，在每学年学校工作基本结束时，结合年度总结评优等项工作协调进行，由考评领导小组组织协调实施，吸收有关人员参加。

八、考核结果的使用

（1）教师业绩考核结果，考核结果作为教师资格认定、岗位聘任、职务评聘、绩效工资发放、表彰奖励等的重要依据。

（2）考核奖惩等问题按上级文件与规定执行。

（3）师德师风考核优秀的教师，在岗位聘任、职务评聘、奖励性绩效工资发放、评选各类型骨干教师、表彰奖励时，同等条件下优先考虑，获得相关奖励与荣誉的教师，考核结果与岗位聘任相结合。师德考核结果定为基本合格和不合格等次的，年度考核相应定为基本称职和不称职等次。在职务评聘、奖励性绩效工资发放、评选各类型骨干教师、表彰奖励时一票否决，在岗位聘任中予以低聘、缓聘或解聘。对经教育仍不改正、师德师风考核仍不合格的教师应调离教学岗位或予以解聘，情节严重的交由相关部门处分。

（4）年度考核被确定为优秀等次的，参加竞聘上岗时在同等条件下可予以优先考虑。学年度考核确定为合格以上等次人员有续聘的资格；学年度考核确定为基本合格及以下等次人员，可对其试聘或缓聘；连续两年考核被确定为不合格等次的，按区人社部门有关规定予以解聘。

教师实施高效课堂教学的三个到位

今天，在基础教育改革领域中，高效课堂已成为一个普及性的热门话题，如何理解高效课堂，怎样实施好高效课堂是摆在我们面前的一个重要课题。

课程改革，意味着学校管理、课程设置、教学方式、学习方式、学校文化、课堂文化的建设都需要变革。高效课堂就是在教学方式和课堂文化的重建过程中，逐步走进教师和学生的视野并被放大的一个显性概念，是以促进学校自主发展、特色发展、内涵发展为宗旨；以推进素质教育为核心；以"夯实基础，凸显能力，面向全体，因材施教"为基本原则全面实施的高效课堂。高效课堂是相对于"低效""无效"及"负效"的课堂教学实效而言的。我认为实现高效课堂必须做到以下三个到位。

一、实施高效课堂，认识一定要到位

（1）校长、班子成员、教师队伍，有深度认识，会取得更大成就；浅层次认识，取得小成就；没有认识，推不动，不会成功；更要明确高效课堂的关键在于领导的决策和引领。校长是实施高效课堂的掌舵者，其决策方向至关重要，团队也将依此前行。

（2）教师要深度认识，高效课堂的宗旨是自主学习、合作学习、探究学习；高效课堂的难点是教师的观念和行为；高效课堂的重点是学生的自主与合作。叶圣陶说过："教师之为教，不在全盘授予，而在于相机诱导。""教无定法"，但教师要想实现高效课堂须经以下五步：第一，依靠模式，实现教学方式转型，将教师"教"的课堂转向学生"学"的课堂；第二，依靠模式，实现角色的转型，引导学生学会自主、合作、探究学习，教师要与学生同步，学会智慧导学；第三，依靠模式，规范教与学的行为，提高教学质量和课堂品位，促进教师专业成长；第四，超越模式，达到"教无定法、贵在得法"的境界；第五，走出模式，达到教师"为了不教"的境界。

二、实施高效课堂，学校管理一定要到位

（1）校长：高度重视，亲力亲为，果断决策，大胆探索。宏观设计，紧盯课堂：经常听课、评课、促课。

（2）班子：人人积极参与，分工明确，执行力强，落实到位。

（3）分管领导要专注教学管理，按照时间节点抓管理，思路清晰，常态化开展听课、评课、引领课、促进课等工作。

（4）管理体系：制度、文化、督查整改等措施健全，不是一纸空文。切忌一阵风，时紧时松，时抓时不抓，要常抓不懈。

总之，实施高效课堂，不仅取决于上好课，而且取决于科学的设计，扎实有效的管理；从某种程度上来说，没有科学的设计，扎实的管理，就谈不上高效和质量提升！

三、实施高效课堂，操作一定要到位

（一）研课模式

1. 高效课堂备导学案这一环节非常重要

一备学习目标，目标是一节课的教学方向，想让学生学会什么知识，得到什么能力更是关键，所以，务必要在课前备课这一环节上认真研究学习目标。

二备学生和老师，备学生在于有的放矢，备老师是反省自己，扬长避短。三备环节，课堂是动态的过程，如何让学生在动态的有限时间内掌握知识、提升能力，必须设计一个合理的、科学的活动环节。四备时间，预设时间非常关键，简单地说就是在单位时间内高效率、高质量地完成教学任务，才是真正的高效课堂。

2. 集体备课流程

提前"三级"备，寒暑假全册备课；开学前单元备课；前一周课时备课。

3. 导学案设计要关注以下几点

（1）是否按照学习目标起到路线图、导航仪、方向盘的作用，是否能够引导学生自主学习。

（2）关注"四分"，即导学案编制是否分层设标、分层进行学习引导、分层达标、分层训练，能否结合课标及教学进度，体现目标意识和教学标准。

（3）实现"三主"，即导学案实现引导学生主动学习、实现以问题为主线、实现高效的教学活动。

（二）上课模式

1. "635"课堂教学模式

在课堂教学中，设计六个教学环节、教师参与3个环节、学生参与5个环节。

导——1. 新课导入2. 导学提示（自学提示）　　以师为辅

学——1. 自主学习2. 合作学习　　以生为主

展——1. 以组展示2. 个体展示（形式不拘）　　师生互动

点——1. 教师点拨追问2. 学生点拨质疑　　知识固化

练——1. 课堂达标检测2. 课后练习巩固　　堂清训练

评——1. 教师评价2. 学生互评、自评　　总结提升

2. 课堂过程组织

（1）流程紧凑，环节到位。

（2）学生参与踊跃，参与度高。

（3）老师导语清楚。

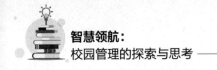
（4）预习、展示、点评、反馈重点突出。

3. 教学效果

（1）三查：一查预习整理基础知识状况，了解学情；二查自主、合作、探究的效度，解决目标重点问题；三查知识整理及系统运用的效果。

（2）发现问题、提出问题、解决问题、生成新知识的能力。

（3）解决问题的思想方法及准确度、敏捷度。

4. 深化巩固

（1）实现知识系统化，引导学生构建清晰的知识网络。

（2）引导学生总结方法、步骤，锻炼养成规范的答题技能。

（3）检查措施科学，能有效督促学生复习巩固。

（4）及时纠错指导与检查，帮助学生迅速提高。

（三）管理模式

（1）主要采取小组评价（发挥学生自主管理的优势）、组长汇总的方法。

（2）设计学生小组合作成长记录册，根据标准对学生每一节课的表现进行即时评价，每天把评价结果上报大组长。

（3）评价模式

学生评价实行双向团队捆绑评价，采取分层、多元、综合评价。

（4）小组奖励方式

① 各组长根据本周各任课老师对组员的考核情况，及时进行加扣分记载，一周一自评，每月一总评。

② 班主任每周将数据汇总，并评选出三个优胜小组，按总评分评为"周冠军""周亚军""周季军"，全班隆重表彰，优胜小组的组长即为优秀组长，对总评分最低的小组给予"劳动光荣"的称号。

③ 班级每月按总评分评出大家心目中的"月冠军""月亚军""月季军"，还可以跟老师合影留念等，在月表彰中，每班按要求推选出一个优秀小组再上报教务处，学校在橱窗表扬宣传。

④ 期末评优以积分为依据，公平、公正、公开评选出本学期的"善于创新

组""进步最大组""配合默契组"等优秀小组，进行一定的物质奖励和精神奖励。同时加上本组四名组员的统考平均分，每班每学期再评出两个优秀小组获评学校奖励。

⑤ 每周汇总一次，兑奖后，归零，下周重新计算，不兑奖者累计至下周。月汇总计算方法同周汇总计算方法，学期末总评，本学期积分到期末全部兑现后全部归零，下学期重新计算。

总之，注重模式，但不模式化。我国很早就有学者强调：教学有法、但无定法、贵在得法；无法之法，乃为至法。没有一种固定不变的方法，这就是最好的方法。同样我们今天也可以指出：教学有模，但无定模，贵在得模；无模之模，乃为至模。没有固定不变的模式，这才是最好的模式。

高效课堂工作使学生、教师双双受益，共同发展。在今后要更加努力地探索、研究，将高效课堂的新理念、新思想、新方法逐步升华，我们有信心、有决心将高效课堂这条路走下去。为全县基础教育的改革和义务教育均衡发展做出我们应有的贡献。

第二章

智 慧 教 育

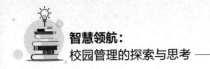
第一节　构建高效课堂

构建高效课堂实施方案

自试点校确定以来，我们一直在探索"以教为中心"到"以学为中心"的转型，力求通过转变教师教育理念，改革课堂结构，优化教学模式，以此推动教师教学方式和学生学习方式的转变，提高课堂教学效率，促进教学质量的提高。依据《宁夏基础教育内涵发展行动计划》（宁教基〔2013〕154号），结合《关于稳步推进课堂教学改革构建高效课堂的实施意见》（盐教发〔2013〕74号）文件精神，特制定学校课改试点工作实施方案。

一、指导思想

以习近平新时代中国特色社会主义思想为指导，以促进学校自主发展、特色发展、内涵发展为宗旨；以深化课程改革、推进素质教育为核心；以"夯实基础，凸显能力，面向全体，因材施教"为基本原则；以"互联网+教育"背景下的"635"课堂教学模式为着眼点。遵循以学生为主体、教师为主导、探究为主线的三为主原则；突出学生自主学习与合作学习相结合的形式；科学地处理好教与学的关系，充分调动学生的积极性、主动性和参与性，发挥好教师的指导、引领作用，促进教师的专业发展，全面提高教育教学质量。

二、目标要求

以两年为一个周期，截至2015年底，在全校中高年级形成以学生自主学习、合作探究、师生有效互动为主要特征的高效课堂教学模式，课堂教学效益和教学质量明显提高。力争一年成型：临摹模式—构建模式—创新模式。两年见效：以教育教学质量的综合提升为标志。同时，实现两个方面的转变：一是学生学习方式的转变，科学构建以教师有序指导、学生自主学习和合作探究相结合，师生有效互动为主要特征的低耗高效的课堂教学模式；二是教师教学方式的转变，积极研发优质的教育教学资源，注重过程引领，促进教师专业化发展，打造高效课堂。

三、工作原则

（一）主体性原则

以学生为中心，关爱、信任、尊重学生，体现学生学习的自主性、选择性、创造性；引导学生自主、合作、探究学习，激发思维，掌握知识，形成能力，体验成功。

（二）主导性原则

教师做教学活动的组织者、引导者、参与者，做教学活动中平等对话的首席，在教学活动中要充分预设、合理开发、适时点拨、提炼升华。

（三）分层性原则

目标分层、设计分层、指导分层、学习分层、训练分层、达标分层。

（四）协作性原则

教师间集体备课，分组实践、共同反思，协助提升；学生间分组合作，互相监督，捆绑评价，整体进步。

（五）激励性原则

激励教师围绕提质增效，大胆探索，改革创新，反思优化，善教乐教；激励学生在自主学习与合作探究中自信自强、互帮互助、会学乐学。

四、实施范围

（1）实施年级：1—6年级。

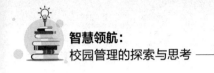
（2）实施学科：语文、数学、英语、音乐、美术、体育、科学、微机、思品。

五、课改组织机构

1.课程改革领导小组及职责

组　长：王生雄

（职责：全面负责构建高效课堂推进素质教育试点工作。）

副组长：韩定春　温云霞　施原旗　孟祥龙

（职责：负责制定课改工作方案、制度、捆绑式评价体系等工作，安排部署课改各阶段、各类工作的具体事宜，同时做好各阶段的总结工作。）

成员：王小燕　武小丽　范玉雄　高力文　蔡　翔　钱军林

（职责：负责组织各教研组备课组做好课改导学案的编写，信息上报及收集整理课改实施过程性资料。）

2.课程改革工作小组

组　长：王生雄

副组长：温云霞

成　员：赵咏梅　李金秀　王　霞　马荣红　刘慧荣　陈晓芹　陈　丹

3.课程改革督查小组

组　长：温云霞

成　员：赵咏梅　李金秀　黄明霞　方琰芸及各备课组长

六、步骤及要求

（一）筹划准备阶段

1.成立机构，明确职责

11月份，成立以校长任组长的盐池县第五小学构建高效课堂推动素质教育试点工作领导小组、工作小组，明确职责，迅速展开工作。

2. 立足校情，制定方案

在请进来培训和外出观摩考察的基础上，结合学校已有的工作成效，制定盐池五小构建高效课堂推动素质教育试点工作实施方案。

3. 立足校情，细化方案

引领各教研组认真梳理当前工作，总结经验，在全校范围内进行集中交流，制定切实可行的校本工作实施方案；同时，与实验教师签订目标责任书。

4. 推进宣传，学习领会

再次召开全校构建高效课堂试点工作推进大会，聘请教体局、教研室相关领导和部分家委会代表参加推进会。解读工作思路，进行再宣传、再动员，统一思想，提高认识，营造工作氛围，强化课改意识。

5. 建章立制，保障实施

领导小组依据工作方案，结合实际，借鉴山西省长治市长子县东方红小学（"三课四环十六字"教学模式）经验，逐步建立健全一套相对科学、完善、可操作的工作管理制度。

6. 实施培训，拓展思路

寒假期间，在专家的引领下，组织学校课改教师参加为期一周的集中培训，帮助其理清工作思路，明确目标和任务。

（二）模式探索阶段

1. 模式临摹阶段

（1）培训引领：依托专家对师生进行培训

① 一线教师的培训。重点培训一线教师基本的课程理念、操作技能和三种基本能力。首先要让教师在理念上有一个转变，只有让教师理念发生转变了，才能主动参与课改，改变课堂结构，才能按照课改程序操作，才能提高课堂实效。其次要培养教师的三种基本能力。即设计教学的能力（编写练习、编制导学案）、实施教学的能力（构建课堂生态）、评价教学的能力（达标测评、跟踪发展）。设计教学的能力是基础，实施教学的能力是关键，评价教学的能力是保障，所以课改走向成功，教师必须具备这三种基本能力。

②合作学习小组的建设和培训。

a.小组建设。核定小组人数，分配学生到组，推选大组长、小组长，组内学生编号，编排组内座位，设定组名（要有创意，有文采，大气，有丰富内涵）等。

b.培训组长。小组成立之后，教师要经常对组长进行培训，组长一要负责组内日常事务；二要在合作、探究时当好"领头羊"，三要主动帮助组员。

c.培训组员。听从组长安排，积极主动参与合作、探究活动，不能等、靠，更不能依赖组长。要培养学生用准确、简洁、精炼的语言表达自己的想法。比如，培训学生汇报时让学生敢说、有序地说、自信地说以及表达方式：我们"××××"组来汇报……我认为……我的体会是……我代表我们组来补充……我们组有不同的意见……汇报时不管是两人小组，还是四人小组必须一起站起来汇报，汇报的形式各异；这一组汇报内容不完整，其他小组成员可以补充。

③学习模式流程指导（开学前期等长子县东方红小学专家指导）。

④集体备课流程指导（开学前期等长子县东方红小学专家指导）。

（2）跟岗指导：结合《关于稳步推进课堂教学改革构建高效课堂的实施意见》（盐教发〔2013〕74号）文件精神做实验教师培训与引领工作，做好"影子教师"的传导和引领的作用。因此，首先选择几位实验教师做长子县东方红小学的"影子教师"，然后这些"影子教师"将所学到的经验传导给校内一些中青年教师。实行一对一，一对多的监督机制。校长、主管副校长、教务主任每天至少听一节课，主要对课堂各环节进行观察、发现问题，及时与"影子教师"共同分析问题，与专家沟通以便在实践中及时地解决问题。

（3）确定各阶段学生合作学习的要求及评价实施细则。

（4）交流汇报。

2.模式构建阶段

（1）实效构建：引领教师在教学实践中领会所临摹"模式"之要义，结合实际，实现模式学科化，建立自己的教学模式，呈现出实效课堂。

（2）跟岗指导：校长、主管教学校长、教务主任每天至少深入班级听课指导1—2次，全程跟进，及时发现问题、分析问题、解决问题。

（3）树立典范：通过教师个人申请、校本推荐、跟岗发掘等方式，对教学风格鲜明、效益显著、模式清晰的典范教师，着重进行跟踪、评估，成就一批种子教师。

（4）专家引领：组织教师到课改成功的学校学习，通过观摩名师课堂，及时学习借鉴，大胆研讨、改革。

（5）汇报交流：做好试点学校第二次课改交流会的相关工作，通过课堂教学展示和校本模式交流研讨，促进模式的建构。

（6）阶段小结，总结经验，梳理问题。

3. 模式创新阶段

（1）高效创新：鼓励教师超越原有模式的束缚，大胆创新，实现模式的个性化、多元化构建，组织开展语数等学科教学模式比较式讲课（同课异构）、赛课、研讨课等方式，寻找课堂教学改革的突破口，呈现出高效课堂。

（2）跟岗指导：不定期地进行推门听课，及时反馈，及时交流，针对教师在模式创新过程中遇到的瓶颈问题进行归类梳理，组织实验教师会诊、研讨及时总结、提升。

（3）交流汇报：组织开展第三次交流汇报会。

（4）模式提炼：领导小组和实施教师通过校本跟踪、交流、评估、监测等理性分析，总结、提炼出相对固化的基本课堂教学模式。

（5）阶段小结，总结经验，梳理问题。

（三）巩固提升阶段

1. 以赛代培

开展两级课堂教学教师（实验教师和非实验教师）的高效课堂构建优质课大赛活动，进一步深化对教学模式的研究，使践行统一的教学模式成为我们全体教师的自觉行为。

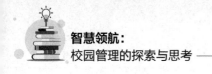

2. 以培代奖

根据试点工作进程需要，选派课改成绩突出的教师外出到山西、山东、江苏等课改示范学校进行短期培训，提升理念，坚定信念。

（四）交流拓展阶段

（1）模式提炼：实验教师根据学习心得，在已有雏形的基础上形成有实效的教学新模式，体现学科特点和学校特色。

（2）全校推进：通过"同课异构"的形式，由种子教师向特岗教师上示范课。在中青年教师中开展赛课等活动，让成功的教师作经验交流或做专题报告。

（3）效益拓展：借助专家、媒体，将学校课改成绩突出的教师推向全县，向课改要综合效益。

（4）将两年实施课改以来存在的问题，成功经验，优秀课例、案例、反思、教学设计、关于实施课改教学论文、小专题经验等分类汇总、整理，在全县推广交流。

（5）对实施课改以来成绩突出的教师、学科组、教研组及工作人员进行表彰奖励。

七、工作要求

1. 加强学习，深刻把握

要把学习作为推进课改工作的一项基础性工作来抓，通过多形式、多途径全面学、反复学、扎实学，做到总体把握，深刻领会，灵活运用。学习先进的课改经验，就要有"教好每一位学生，让每一位家长满意"的强烈责任心和使命感；学习"教师的责任不在教，而在教学生学"的先进教育理念；学习课改成功学校的精细化管理和优质高效的课堂教学方法；学习课改成功学校教师的艰苦奋斗、乐于奉献、拼搏进取的精神和求真务实的工作作风。通过学习反思，要找出自身在管理上的差距，明确努力的方向，掌握教学模式的操作程序，为实施教学做好充分准备。

2. 强化研究，融合创新

一要研究教学模式的思想内涵及实施策略，使广大教师尽快"入格"；二要研究结合学校实际，整合创新，创造具有本校特色的教学经验，使教师尽快"出格"；三要对实施过程中出现的问题及时总结反思、讨论交流，对于普遍存在的问题，通过课题研究的方式，组织有关人员进行集中攻关；四要研究集体备课的方式，课改促使教学和学习方式发生根本性变化，集体备课的内容、重点及形式也相应改变，要积极开展集体备课研究，提高其效益；五要研究课堂教学评价，教学评价内容、评价标准和评价方式的改革，要以科学的评价促进教学模式的深入实施，努力形成"以学定教"的评价观。

3. 培植典型，示范带动

要按照面向全体与突出重点相结合的原则，在全面推进的同时着力培养一批典型，及时总结推广他们的成功经验，为其他教师提供直观、便捷有效的学习途径，推动课改工作的深入开展。

4. 落实责任，健全制度

校委会成员是课改工作的主要责任人，主要负责课改工作的组织、管理和指导；教务主任、年级组长、学科组长是落实课改的直接责任人，具体实施者。各级相关人员要根据自己的职责，进一步明确所担负的具体任务，细化工作措施，扎扎实实地做好每一阶段的每一项工作。建立健全相应的制度，进一步完善常规管理，研究制定相应措施，狠抓落实；要加强工作调度，及时总结，及时改进，确保课改工作健康持续发展。

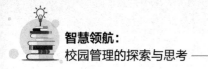
高效课堂相关操作说明

高效课堂是提升教学质量与学习效率的关键所在。本操作说明旨在指导教师与学生如何有效组织与实施课堂活动,通过科学的教学方法和学习策略,营造积极的学习氛围,确保每位学生都能在有限的时间内获得最大的学习成果。

一、导学案的基本组成及具体要求

导学案的组成:

语文:学习目标、重点难点、导学提示、学习内容(新课导入、自主学习、合作交流、展示提升、总结评价)、板书设计、课后反思,共设置六个环节。

数学:学习目标、重点难点、导学提示、学习内容(新课导入、自主学习、合作交流、巩固练习、展示提升、拓展练习、总结评价)、板书设计、课后反思,共设置六环节。

(一)学习目标

学习目标具有导向功能、激励功能、调控功能。目标的制定要明确,具有可检测性,使本节内容的当堂检测题能够与之对应。

具体要求:

(1)数量以3—4个为宜,不能太多。

(2)内容一般包括知识与技能、过程与方法、情感态度价值观三个维度。

(3)可在目标中将学生自学中会涉及的重、难点以及易错、易混、易漏等内容作出标注,以便引起学生高度重视。

(4)目标内容应明确具体,而且可操作、能达成。教师需面对所教学生的实际水平，按照预设的教学目标，准确地为学生的学习目标定位。学习目标既不能过低，使学生达不到基本的学习要求，又不能过高，造成大多数学生经过努力也很难达到。如果目标确定的不适度，学生很难实现高效学习。

学习目标：不要用"了解、理解、掌握"等模糊语言，要用"能记住""能说出""会运用""解决""问题"等可检测的明确用语，并指出重、难点。

（5）学习目标、导学提示、学习内容三者之间联系非常紧密。

（二）导学提示

1. 自主学习——学生学什么

（1）语文——16321

①用一句话概括文章内容。

②理解六个词语。

③教师预设三个问题。

④学生提两个问题。

（2）数学——12311

①基本说出一个思路。

②尽量用两种方法。

③注意知识关键点、易错点、易混点。

④做好拓展练习。

2. 自主学习——怎么学

圈点勾做旁批，自学笔记要及时整理。

（三）知识链接（课前预习）

即课前小测，有的老师命名为前置测评、诊断检测等。

该环节的作用：扫清学习新知识的障碍，为新知识的学习做好铺垫。

（四）学习内容

学习内容是导学案的核心，要体现导学、导思、导练的功能。

学生的自主学习，包括学生自主读书、独立思考、自主操作、自主练习等在内的由学生独立获取知识和技能的过程。导学案的作用：提出学习要求、划定学习范围、指导学习方法、启发学生思考、帮助学生理解等。

学习内容中有一个自学环节，我们可以这样操作：

1. 指导学生自学

［操作］课前准备好（黑板或者触摸电视出示），课上让学生看。

［时间］约2分钟。

［目的］让学生知道自学什么，怎么自学，用多长时间，应达到什么要求，届时如何检测等。

［注意点］自学指导要层次分明，让学生看了以后，做到四个明确：

（1）明确自学内容。即让学生知道学什么，有的教材内容单一，一般一次性自学；有的教材内容多，可视情况分几次自学，但每次自学前都必须写清楚自学的内容（或范围）。

（2）明确自学的方法。例如，看书，是边看书边操作，还是边看书边与同桌讨论，解决疑难，怎样干好，就怎样干。自学时，往往引导学生抓住新旧知识衔接的地方重点看。一般先要让学生独立看书、思考，不宜边看边讨论。

（3）明确自学的时间。时间不宜过长，要让学生紧张、快节奏地完成自学任务而不拖拖拉拉；时间不宜过短，让学生有认真看书、思考的时间，切不可走过场，因为，看书是练习更正、讨论、当堂完成作业的前提，一定要讲究实效。

（4）明确自学的要求。即告诉学生如何检测。这样使自学变成了检测前的准备，使学生看书时能够真正动脑思考。

（5）教师要流露出关心、信任学生的情感。注意使用鼓励性的语言，使学生愉快地、高高兴兴地自学，但语言要简洁，切不可讲闲话、做闲事，也不可听无关的音乐，看无关的录像。

2. 学生自学，教师巡视

［操作］学生按照自学指导，认真地阅读课本，思考或动手操作，同时教师进行课堂巡视。

［时间］约5—10分钟。

［目的］使每个学生都积极动脑，认真自学，挖掘每个学生的潜能。

［注意点］

（1）学生自学时，教师要加强督查，及时表扬自学速度快、效果好的学生，激励他们更加认真地自学。

（2）重点巡视中差学生，可以给后进生说几句悄悄话，帮助其端正自学态度，使他们也变得认真起来。促使他们高高兴兴地自学。

（3）要面向全体学生，不得只关心一位学生或少数几位学生，而放弃了督促大多数学生。

（4）学生看书时，教师不宜多走动，不能在黑板上写字，要形成学生专心读书、思考的紧张氛围，切不要转移学生的注意力。

（五）学法指导

有两种常见的形式：第一种是本学科的研究方法。如数学教材的各个章节都有意识、有步骤地渗透了归纳、转化、数形结合等数学思想与方法。第二种学法是学生平时普遍的学习方法。例如：阅读的技巧、做笔记的方法、自主学习的方法、小组合作的技巧等。

（六）学习小结，即知识结构整理归纳

导学案上最后一个问题一定设计为本节知识的体系建构。按知识点之间的内在联系归纳出知识线索，具体的知识点要尽可能留空由学生来填。与其他章节知识联系紧密的，在归纳出本节知识结构的基础上要体现与其他章节等知识的联系。同时还要引导学生对学习方法进行归纳。

（七）达标检测（拓展练习）

达标检测题的编写及使用的具体要求：

（1）题型要多样。量要适中，不能太多，以5分钟左右的题量为宜。

（2）紧扣考点，具有针对性和典型性。

（3）难度适中，既面向全体，又关注差异。建议可设置选做题部分，促进优生成长。

（4）规定完成时间，要求独立完成，培养学生独立思考的能力。

（5）注重及时反馈矫正，学困生要及时辅导跟进。

二、导学案编写流程

导学案编写不能太简单，也不能太复杂。要经五步生成，基本流程为：先由主备人"个备"，然后返回学科组"群议"，结合大家的建议再由第一主备人修订，分给任课教师，由每个人根据自己的实际情况在此基础上再"个备"，最后结合本班实际的授课经历，做课后修订。导学案在设计时要求老师要能够深入浅出，要做到知识问题化，问题层次化。学生要能够浅入深出，摸着"石头"过河，步步为营，逼近目标。一般导学案由学习目标、重难点预设、学法指导或知识链接、自主学习、合作探究、测评反馈、课后反思几个环节构成。本着一课一案的要求，每个导学案的分量要适宜，不要过简，也不要过繁，要合乎实际操作，有实效。尤其要精选习题，坚决杜绝题海战术。所编制的导学案的容量以学生预习时间不超过30分钟为宜。

三、编写、使用导学案还应注意的几个问题

（1）编写高质量的导学案是一节课成败的基础，它能体现教师的"支架"作用。使用时要求教师语言简练、开门见山、直击要点。作为教师要清楚何时点拨、点拨什么内容（易错知识点、易混知识点、方法、规律、知识结构、注意事项、拓展等）。

教师在编制导学案时，必须把握好对教材的"翻译"，把教材严谨的、逻辑性极强的、抽象的知识，翻译成能读懂、易接受的、通俗的、具体的知识，帮助学生确定适当的学习目标，并给出达到目标的最佳途径。好老师要能够深入浅出，设计导学案要做到知识问题化，问题层次化，层次梯次化，梯次渐进化。

我们的学案设置为A、B、C、D四层，A层为基础知识层面，"识记类内容"，作为理科一般为教科书上的基本概念、基本原理和公式的简单呈现；语文则主要是生字的读音和含义，重点词的解释和应用。B层"理解级"，是在A

层的基础上进行的简单应用。

理科主要是一些基础题结合基础知识的练习，语文则是对文本大体分析，如文章的中心思想，故事的大体过程，对人物的大体认识。C层为"应用类"，是进一步的知识运用，理科侧重于解题思路的理清和解题规律的归纳，此时常常会设置一两个一题多解的题目，使学生尽快形成一定的解题能力。语文则是重点语句的整理，在人物特点塑造上的作用，反映了人物怎样的心理特征，反映了作者怎样的思想情感。D层是拓展延伸，为"拓展级"。理科是一些与实践相结合的题目，把知识与实际生活问题结合起来解决，一般比较难。语文方面则是布置学生结合文章的写作手法进行的个人小创作。四个层级的内容面向不同的学生，A、B层级要求所有学生必须人人过关，重点考查后进生。C层则主要面向的是中等以上的大部分学生，D层则是面向一些优等生，课堂的精彩常常由他们来升华。当然，学案的编制没有固定的标准，只有适合的才是最好的。

（2）导学案是为学生学习服务的，必须从有利于学生学习操作的角度思考创作，要始终把学生放在主体地位；在导学案可根据学习内容的需要，增加"加油站""温馨提示""友情链接"等补充说明、信息提供、方法指导的栏目。

（3）应根据不同的课型编制不同的学案，如新授课中的预习性学案、复习课中的检测性学案、专题性学案等。

（4）多一些激励的话语。如：试试你的身手，你最行！做一做，你一定能过关！

温馨提示：比比看，哪个小组办法多等。

（5）课后反思、不断完善。反思可以从以下几个方面入手。

① 解决问题的能力情况。个别学生的个别问题就采取个别辅导的方法解决，如果是大面上的问题，则下阶段要强化训练此知识点；

② 反思教学方法是否能引起学生强烈的学习兴趣，激发学生强烈的学习动机；

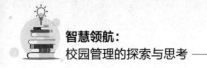
③ 知识点的训练程度与难易程度是否匹配；

④ 某个教学环节失误的原因是重、难点把握力度不当，还是对学生的指导、点拨不到位；

（6）某个教学环节的成功是偶然还是必然；等等。

四、教师课堂教学的六点建议

建议教师采用多样化教学手段，注重学生参与，鼓励主动思考，及时反馈学习成果，以创造生动有趣且高效的课堂氛围。

（1）时间观念（候课2分钟，因为上课是你和学生的一个约定；按时下课，否则你已经掠夺了属于学生的天空）

（2）心态问题（良好的心情是成功的开始，积极的心态会彰显你成熟的魅力）。

（3）规范的言行（教师言传身教，让学生能够体会到教师的辛苦，能够启迪学生的智慧）。

（4）知识的储备（我们不可能是先知，但我们绝不只做先生）。

（5）及时的鼓励（在你赞许的目光里学生会获得最大的满足）。

（6）必要的引导和拓展（你不可能代替每一个水手，但必须保证是一个称职的舵手）。

五、关于课堂改革的八个方面要求

（1）上好预习课：时间必须保证，任务必须明确，要求学生必须做好预习笔记、课本批注。

（2）设计好课堂问题：师生结合，具体细化，由易而难，步步深入。

（3）对学生的展示进行培训、组织，并提出具体要求：

① 做到有中心、主线。

② 小组分别展示和自由展示相互结合，教师恰当地引导。

（4）自评、互评形成习惯，成为常规，教师评价、小结不可缺少。

（5）有层次、有分别地对学生提出要求，分配任务。

（6）反馈练习：课后习题、基础训练、补充习题。

（7）小组合作：

① 为什么要合作？（交流思想方法，取长补短，互帮互学，培养团队精神、与他人合作共同完成任务的意识。）

② 什么时候合作？（自学后合作，有共同的疑问时合作。）

③ 合作中学生的收获是什么？

a. 提高语言表达能力。

b. 学习他人思维方法。

c. 更全面、深入地理解知识，解决疑难。

④ 如何组织小组合作。

a. 任务明确，围绕中心。个人先说自己的理解，之后其他同学补充或纠正。

b. 讨论、辨析、明确。为展示做好准备。

（8）学生谈收获，写课堂小结。

六、对各班合作学习小组的量化考核和激励措施

（一）组建合作学习小组的重要性

高效课堂，关键在于合作竞赛小组的高效。建设、培训、利用好合作竞赛小组，也就把握住了高效课堂的灵魂。它是实现课堂高效的两大支柱之一。

（二）合作学习小组的组建

小组建设要本着"组内异质，组间同质"的原则。如何进行科学、合理的分组，基本保证合作竞赛小组"组内异质，组间同质"呢？

以54人的班级规模构建6人合作小组的操作程序为例，全班可以组成9个合作小组。

（1）首先从全班挑选出9名学习成绩好、组织能力强、在同学中威信较高的学生担任每组的组长，作为第一竞赛小组；

（2）其次按考试成绩和综合能力依次挑选出第二、第三……第六竞赛小组组员。用这样的方法分组，有利于老师因生施教，分层次要求，也有利于老师课堂教学和检查作业。

（三）合作学习小组的评价范围

教师对每个合作学习小组评价要兼顾课前、课中、课后。从课前写自学报告、导学案预习，课中自学、讨论、展示、对抗质疑、课堂检测，课后作业，同步练习册和导学案的整理、"天天清"等方面及时给予评价。

1. 基本学习任务检查积分

班主任、任课老师对课前自学报告、导学案预习、当堂检测、课后作业和同步资料练习、"天天清"等学习任务的检查，未按时间、要求完成任务者，扣合作小组和本人2分或1分。

2. 课堂回答问题、板书、展示、对抗质疑，为合作小组和本人积分

（1）回答问题：根据回答问题的正误及理解深度，积2分或1分。

（2）课前板书：根据板书质量及完成情况积2分或1分。

（3）课堂展示：根据展示内容难易及精彩程度积2分或1分。

（4）对抗质疑：产生对抗质疑一次积2分。

3. 分类分层次记录积分

为了使全体学生尽可能多地合作交流，达到人人参与学习的目的，激励学习困难的学生积极学习，按竞赛组分类分层次积分。即第一、二竞赛组组员单倍积分，第三、四竞赛组组员双倍积分，第五、六竞赛组组员三倍积分。

4. 鼓励分数

在展示、质疑等环节表现特别优秀，或者产生意外良好效果得到老师和同学一致认可的，一次加5分。

（四）合作学习小组积分记录方法

课代表负责记录当堂的积分，每天有值日班长汇总课代表积分公示与各组的展板上。学习委员每周总结一次并书面上报班主任，每周班会上班主任全面总结，为第一名的合作小组颁发流动红旗，并签字上报，学校公示各班第一、二名和倒数第一、二的合作小组以及优胜组学习标兵。

（五）合作学习小组的奖励措施

根据每周对各班合作学习小组积分考核情况，每月评出班级第一名的合作学习小组，颁发流动小红旗，颁发奖状奖品；对连续两个月取得第一名的合作学习小组，除颁发流动小红旗、颁发奖状奖品外，作为班级学习标兵组，全体组员照相，写上组员名言，制成喷绘版面，荣誉上墙。

对连续两个月处于最后一名的合作学习小组，组长在班主任和指导老师的帮助下组织组员讨论查找原因，制定进步计划，执笔书面写出500字以上的反思报告。对连续一个学期取得第一名的合作学习小组，除颁发流动小红旗、颁发奖状奖品外，作为全校学习标兵组，邀请全体组员的家长和组员照合影相，张贴在光荣榜专栏，刊登于学校校报。

（六）合作小组内组长对组员的量化考核

学校统一印发合作小组组员考核积分评比表。每天、每周、每月按要求对组员积分评比，定期公示。对每月评出的"自学明星""展示明星""质疑明星""三省"标兵等先进个人，学校一并予以表彰并择优照相，荣誉上墙。

七、高效课堂教师必备八大教学素养

（一）回答好三个问题

任何一位学科教师、任何一节课都必须回答好三个问题：

（1）你要把学生带到哪里去？教师要回答的是学生的课堂学习目标问题：学什么？学到什么程度？

（2）你怎样把学生带到那里？教师要回答的是学习策略和学习过程问题。

（3）你如何确信你已经把学生带到了那里？教师要回答的是学习效果的评价问题。

回答不好这三个问题，一定不是一节好课。

（二）具备三种基本能力

即设计教学的能力（编写学习指导书、编制导学案）、实施教学的能力

（构建课堂生态）、评价教学的能力（达标测评、跟踪发展）。设计教学的能力是基础，实施教学的能力是关键，评价教学的能力是保障。不具备这三种基本能力的教师，一定不是一位合格的教师，也一定不是一位好教师。

（三）把握三个前提

即把握学科思想，掌握学科知识体系，明确学科课程目标。把握不好这三个前提，教学设计就无从谈起。

（四）做到三个读懂

即读懂课标和教材（学材）、读懂学生、读懂课堂。不懂得"课堂，究竟是谁的？"既是师道问题，又是师德问题。

（五）完成六个转变

即教师变学长、讲堂变学堂、教室变学室、教材变学材、教案变学案、教学目标变学习目标。站在学生的立场上来思考教学，既是新课程的要求，又是师道的要求。

（六）明确课堂方向

课堂教学，要有效落实三维教学目标，避免教学目标的虚化；有效地把握和利用课程资源，避免教学内容的泛化；既要充分发挥学生的主体性，又要把握教师的引导性，避免教师使命的缺失；既要追求教学方式的多样化，又要力求避免教学过程的形式化。课堂教学，要坚持以基础知识和基本技能为基础，在此基础上追求三维目标的全面落实；坚持教材是基本资源，灵活运用、扩展、开发、构建多种教学资源；真正坚持学生的主体性，也就是教师主导下的主体性；坚持以启发探究式教学为主，追求教学方法多样化。

（七）解读课程标准

细化解读课程标准，整合教材（学材），科学设置课堂学习目标，是教师专业成长的重要标志；是学科课程建设的首要内容，也是推进课程改革的当务之急！如果不进行学科课程建设，课程改革就是一句空话！细化解读课程标准，整合教材（学材），从学生学习的认知规律出发，科学设置符合学情的学习目标，是教师的基本功，是教师进行教学设计的前提条件。

细化解读课程标准，整合教材（学材），科学设置课堂学习目标，实质上就是国家课程的校本开发（二次开发）问题，也就是国家课程在本校的有效实施问题，更是学科教师的学科能力问题。不会对国家课程进行校本化开发（二次开发）的教师，不是合格的教师。

（八）构建道德课堂生态

教育本身就是一种文化的传承，推进课程就是为了更好地实现文化的传承。任何一位教师在课堂上都在营造一种课堂文化氛围和课堂生态，学生都在进行某种"文化适应"和自然成长。

课堂中面临的问题实质上就是文化（生态）问题。可以说，课堂生态是现代学校文化的最高境界。构建道德课堂生态，必须进行课堂教学模式的改革和创新：开展教师、学生、文本三者之间互动的教学活动，实现从"单向型教学"向"多向型教学"转变；倡导以问题为纽带、进行启发探究教学，实现从"记忆型教学"向"思维型教学"转变；通过倡导合作学习，在教师之间、师生之间、生生之间形成和谐的人际关系，实现从应试型教学向素养型教学转变。

高效课堂教学模式探索

自新课标实施以来，在教育部"信息技术促进学生个性化学习探索"试点项目推动下，盐池县第五小学不断加快教育信息化应用步伐，在实践探索中构建出具有科学性、可操作性的信息化环境下高效课堂教学模式，为教育信息化环境下促进区域教育教学改革提供了良好经验。

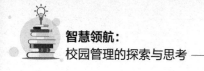

一、探索背景

现代信息技术特别是以网络为核心的教育信息化现已成为时代发展的潮流，并深刻影响到各级各类学校的教育教学领域。

1. 教师教学方式与学生学习方式变革的背景

在现代技术特别是现代信息技术日新月异的时代背景下，各种现代化教育教学方式纷至沓来：最初是幻灯、投影仪、电影、录音、广播、语音实验室等现代技术在教育教学中的广泛应用；随之则是卫星电视、电子计算机、微电子技术、光纤通信技术、多媒体技术的普及应用于教育教学实践中。这些技术手段与教学媒介不仅极大地丰富了教学手段与方式，而且促成了教学的发展，为教育教学提供了新的途径。在信息化环境下，学生的学习方式有了根本性的变化，他们获取知识的途径、手段与方式都与传统的学习方式有着明显的不同。这些不同，需要教育者在一定理论指导下加以正确引导、恰当组织，才能使学生的学习方式与现代信息技术有机结合起来，进而促进学生的全面发展。

2. 学校发展的背景

为了实现教育均衡，让农村孩子和城里孩子享受同等待遇，县委、县政府投入大量资金，改善办学条件，对学校高标准、严要求。于是，为了改变进城务工人员子女"入学难"的问题和实现预定的"一年奠基，二年拓展，三年成效"之发展目标，学校就决定走改革发展之路——以现代信息技术的推广、应用来发展学校、造就学生、提高质量。2012年10月，学校被教育部确定为教育信息化第一批试点单位。2013年12月又被盐池县教育体育局确定为全县构建高效课堂推进素质教育试点单位，在此课题立项批准后，学校积极稳步地开展了"信息化环境下高效课堂教学模式的实践探索"研究，并积累了丰富经验，也取得了良好成绩。

二、主要做法

课题实施以来，学校以推动学校、教师、学生"三位一体"同步发展为目标，坚持走以信息技术来提高教育教学质量的改革发展之路。在课题项目实施中，着力做好以下几个方面工作。

1. 以课题项目助推学校资源建设，坚持建设资源服务平台

以课题助推学校信息化步伐是学校的重要目标。为此，学校一方面坚持优化信息化教学环境，先后建成了校园网（42个教学班均实现了"班班通"）、数字化校园（有电子图书馆、录播室、智慧校园）及校内外资源服务链接平台，为教育信息化提供了硬件保证。另一方面，坚持推进信息化应用平台建设。一是完善学校信息网络服务的管理与使用效率，实现教育信息化管理和无纸化办公。二是完善学校资源库，并加强区域内外教学资源库共建共享工作。三是积极搭建家校共育平台（建设班级网站、QQ应用群、微信群、翼校通、优教信使、乐乐课堂天天练，为师生搭建交流互动的平台），为学生提供资源包（纳米盒、菁优网、乐乐课堂天天练等资源）。

2. 以课题项目助推研究团队建设，坚持促进教师队伍建设

课题组核心成员汇聚了学校的骨干力量，由校长担任组长、分管教学副校长领衔研究，核心成员中有区级骨干教师5人，市、县级骨干教师各1人。同时，还及时聘请自治区教科所、宁夏大学教育学院的专家学者加以指导。同时，学校也切实加强了教师信息化专题培训与交流学习，组织教师参与教学设计、教学理论、课程整合、教育技术、信息能力、课件制作等各项专项培训活动。

3. 以课题助推课堂教学改革，坚持促进学生个性化学习

在课题的实践探索与具体研究中，我们始终坚持把理论研究与课堂教学紧密结合起来，借助模式探索使实践牢牢扎根在课堂这块肥沃的土壤中。

三、探索模式的经验

1. 研究课堂，"635"课堂教学模式探究

如何使课堂变为活动课堂、常态课堂、创新课堂、自主课堂、期待课堂，这也需要模式。为此，我们借助课改和试点项目在课堂教学实践探索，总结提

炼出的"635"课堂教学模式，将各科课堂教学规定为"六个环节"，教师实施"三项辅助"，学生参与五个环节，其中"导"就是新课导入与导学提示（自学提示），要求以师为辅；"学"就是自主学习与合作学习，要求以生为主；"展"就是以组展示与个体展示（形式不拘），要求师生互动；"点"就是教师点拨追问与学生点拨质疑，要求知识固化；"练"就是课堂达标检测课后练习巩固，要求堂清训练；"评"就是教师评价与学生互评、自评，要求总结提升。以此规范师生教与学行为，全面提高教学质量与课堂教学品位，促进师生个性化发展。

例如，在教学《搭配中的学问》时，任课教师就应用信息技术创设情境，促进学生自主"学"。先通过播放《生日快乐》歌和"生日宴会"，把学生带到"生日宴会"情境中，并为学生创设了自主探究"衣服搭配、食物搭配"的学习情境。

在此基础上再组织学生合作交流，在交流中形成共识，展示汇报。这时有位学生及时质疑："怎样搭配才能不重复，不遗漏？"接着就有位同学补充道："按顺序搭配，就可以做到不重复、不遗漏。"于是展示汇报的学生按照提示先选定一件上衣，依次与每一件下装搭配，然后又选定一件下装，依次与每一件上衣搭配。

但这时又有一位同学站起来追问道："怎么又重复了？"此时教师借机问道："看看哪个小组最先想到好办法，保证搭配不重复也不遗漏？"一石激起千层浪，同学们都又一次积极地投入小组中展开激烈讨论……如此这般鼓励学生敢疑、敢想、敢说、敢讨论，使学生真正成为课堂的主人。

2. 指向课堂，"课前五步预习模式"的探索

这一模式包括查、划、写、练、思，主要是教师通过信息技术手段创设教与学环境引导学生主动参与、主动探索、主动思考、主动实践。

3. 延伸课堂，"八步研课模式"的强化

"八步研课模式"就是通过"任务分配""制订计划""个人初备""集体研讨""形成共案""分散上课""二次备课""教学反思"八个环节，促进教师对学科教学与信息技术融合。

4. 评价课堂，"双向捆绑评价管理模式"的运用

"双向捆绑评价管理模式"，就是利用信息技术，实现对教师课堂教学改革实效的管理评价以及对学生学习方式与习惯养成的管理评价。

四、主要成效

经过三年的探索和研究，"信息化环境下高效课堂教学模式的实践探索"课题取得了显著成效。

1. 直接成效

在学校初步形成了"635"课堂教学模式，使全校课堂教学效率有了明显提高。在试点项目推动下，教师课堂行为由过去的以知识讲解为主的主导行为变为对学生的实际学习进行点拨、指导和引领。同时，在信息环境下引导学生自主探究、质疑、交流、解惑来实现教学目标路径的建立，确保了学校在2015年"一师一优课"活动中获得区优1节、市优9节、县优9节的好成绩，2016年"一师一优课"活动中荣获部优课2节、区优课5节、市优课5节、县优课11节的优异成绩。2017年"一师一优课"活动中获得部优课2节、区优2节、市优5节，县优24节。同时此模式学校50岁以下的教师100%都在应用，效果非常明显；自治区教科所、宁夏大学教育学院的专家学者认同学校推行模式，现在在全县所有小学推广应用。

2. 间接成效

一是转变了教师理念，提高了教师专业化水平。通过研读教材、说课比赛、绘制思维导图、多媒体培训与应用等活动的开展，促使教师驾驭课堂能力、指导、引领学生自主学习方向更加明确，有85%以上的教师能力得到提高，跟不上现代教育技术应用的不到5%。通过开展县级及以上大型活动，学校教师获奖率多半占全县教师50%以上，甚至有些活动独揽。

二是初步解决学生自主学习和评价难点问题。在探索中，我们坚持在学中创、创中学，不仅提升了学生信息素养，还通过信息技术支持在课外、课堂上培养学生个性化学习能力，真正让每一位学生体验到学习的快乐，并形成了较好的自主学习、合作交流、积极展示的能力和创新精神。据问卷调查显示，有80%以上的学生对此种学习方法感兴趣、乐于学习，不到5%的学生持反对态度。尤其是家长对课前五步预习法、四人合作学习小组的满意度达85%，这些方法既能巩固孩子的知识，又能锻炼孩子的综合能力，更是解决70%进城务工人员无法指导孩子的学习问题。

三是促进了学校发展，使学校面貌与社会声誉有较快变化。经过几年努力，教学成绩由全县倒数，升至名列前茅；金杯银杯不如老百姓的口碑，当初师生不愿到五小工作和就读，但现在学校是全县招生压力最大的学校，择校生占60%以上。

另外，每学期末教体局对全县所有学校进行综合评估，最后得分均在98分以上，位居全县首位。建校短短8年来，荣获县级及以上各类奖牌50多块。《宁夏教育》在2015年7—8期刊中发表了我们构建高效课堂的成果做法；《中国教师报》在2015年4月29日刊登题为"红色老区的绿色革命"的文章，《中国教育报》2015年12月9日头版头条分别报道了学校课堂教学改革事迹。

在"信息化环境下高效课堂教学模式的实践探索"课题中探索总结出的"635"课堂教学模式带动下，盐池五小实现了以信息技术助推学生个性化学习试点目标，其主要五步收效体现在以下几方面：

一是实现了学习资源个性化。学校一批风华正茂的青年教师，为解决学生个体差异和促进学生课前预习，经过反复实践探索，逐步摸索、开发出从纸质资源（课本）到信息化资源，从单一到多样性（四人合作学习小组、信息资源平台、微课等）、互动性、再生性、共享性（QQ群交流平台）学习资源包（纳米盒、悠悠课堂、乐乐课堂天天练、电子查询机等）、QQ群应用、教育云等学习资源。

二是实现了学习环境的个性化。学校经过了从传统（黑板+粉笔）到数字化教室（鸿合电子白板、63英寸一体机等）、再到智慧教室（移动终端、三通两平台服务、电子查询机等），学生学习环境也呈现出了以学生为中心的教育理念。

三是实现了学生活动的个性化。在信息技术保障下，盐池五小学生能掌握学习进度，并能基于自己的兴趣、愿望和问题驱动学习，可对自己的学习进行自我管理、自我量化和自我监控。

四是促进了教师教学行为转变。教师由过去的以知识讲解为主的主导行为变为对学生的实际学习进行点拨、指导和引领，并使专业能力得到较快提升。

五是提升了学校吸引力。经过几年努力与不懈探究，盐池五小教学成绩名列前茅，成为全县入学压力最大的学校，众多家长与学生都以到五小就读为荣。

"信息化环境下高效课堂教学模式的实践探索"项目带给学校的启迪有：第一，教育教学改革发展要顺应时代潮流，加快教育信息化应用步伐，才能发展提高。第二，教育信息化运用必须构建具有科学性、可操作性的学习模式，才能为学生发展服务，提高教学质量。第三，要以教师的专业发展为基点，才能全面提高教育信息化运用水平。

总之，经过不断探索与反复论证，并具体结合不同年级、学科教学特征，"信息化环境下高效课堂教学模式的实践探索"在学校全体教师的意识中占据了主导地位，全校教师都先后进行了不同的尝试，在注重引导学生进行自主学习时，还积极引导学生合作学习。学校的课题研究实践证明，在课题研究中只有坚持提炼好的做法，修正不必要的烦琐，才能使信息技术真正高效地为学生的学习服务。

高效课堂与课题研究之路，任重而道远。我们的探索与实践还将继续进行下去。

五、专家点评

盐池县第五小学课题"信息化环境下高效课堂教学模式的实践探索"的研究，开辟了县域地区传统教与学的先河，通过反复实践与总结，探索出了信息化环境下的个性化教学模式，即："635"课堂教学模式（子模式：课前预习五

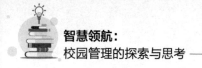

步模式、八步研课模式、双向捆绑式评价模式），在学生个性化学习、自主学习、交流学习中发挥了积极作用，解决了家校共育中存在的实际困难。

学校探索出的信息化环境下的教学模式，为学生搭建了信息化环境下的学习平台，打破了传统教与学、时间与空间的限制，激发了学生求知欲，增强了家长与孩子沟通与协作的能力，真正在课堂上实现了师生互动、生生互动、人机互动的愿望，提高了师生信息技术应用能力与水平。

基于信息技术的课前五步预习模式的实施，需要良好的信息化环境和优质师资做支撑，建议该模式在全区中小学校积极推广，以辐射、带动更多西部地区学校解决进城务工子女家校共育存在的困难。

这种以改革课堂教学为重点，以促进信息化深度融合为核心，以信息技术应用驱动为圆心，以提高教学质量为目标，形成"导入、自学、合作、展示、检测、总结"六环节教学模式，促进了教育优质化、信息化、现代化。

第二节　科学实验校教育

科学实验校实施方案

为深入贯彻习近平总书记关于在教育"双减"中做好科学教育加法的重要指示精神，全面落实《教育部等十八部门关于加强新时代中小学科学教育工作的意见》（教监管〔2023〕2号）要求，推动科学教育高质量发展，助力教育强国、科技强国、人才强国建设。根据教育部实验校工作目的和任务，提升整体学生科学素养，开发学生的创造能力、实践能力，培养学生创新精神，切实发挥实验校的辐射引领作用，采取科学教育"1+2+N+1"工作思路和"三结四带一提高"工作策略，积极探索"五融合构建五种科学教育新模式"，全面提升学生科学教育质量和科学素养，结合学校实际制定本方案。

一、指导思想

以习近平新时代中国特色社会主义思想为指导，全面贯彻落实党的二十大精神，教育、科技、人才是全面建设社会主义现代化国家的基础性、战略性支撑，三者是一个有机整体，相互作用又相互促进。习近平总书记多次就教育、科技和人才三者关系进行深入阐释与剖析，强调必须坚持科技是第一生产力、人才是第一资源、创新是第一动力，要把这三者更好地结合起来，为加快建设教育强国、科技强国、人才强国指明前进方向和实践路径。我们要以促进学校可持续发展、特色发展、内涵发展为宗旨；按照"稳步推进、分步实施、重点突破、全面提升"的工作思路，积极探索"互联网+教育"背景下自主、高效、充满活力的"635"课堂教学2.0模式，充分调动学生的积极性、主动性和参与性，促进教师的专业发展，全面提升学生的科学素养。在教育"双减"中做好科学教育加法，充分整合校内外资源，推进学校校内课后服务主阵地与社会大课堂的有机衔接。落实学校"1+2+N+1"工作思路，贯彻习近平总书记关于在教育"双减"中做好科学教育加法的重要指示精神；坚持两手抓，即一手抓思政教育，一手抓科学教育；做好科学教育同N项教育相结合，即同铸牢中华民族共同体意识教育、红色教育、国防教育、劳动教育、跨学科教育（1+X跨学科教学）、校内外教育、家校协同、"互联网+教育"等工作相结合；最终落实一个"立德树人"根本任务；采取"三结四带一提高"工作策略，三结即科学教育同家校共育相结合、同跨学科教育相结合、同社会大课堂相结合；四带即学校带动老师、老师带动学生、学生带动家长、家长带动社会；一提高即提高全民科学素养。打造"科学兴校"的学校品牌。

二、目标任务

（一）实验目标

（1）随着科技的飞速发展，我们正在进入一个被称为数字时代的时代。因此，我们在这三年的实验期一要着力于四个方面建设：改善科学实验室建设、推动1—6年级学生开展科学探究（科创教育等）实验和体验活动、1—6年级学生科普知识宣传全覆盖、科学教育教学实验常态化开展。二要通过在课程资源开发、教师队伍建设、科学创新、教学评价、家庭、社会力量整合等方面探索科学教育实施有效途径和培养创新创造能力，构建校内与校外横向联动的发展格局，形成可复制可推广的典型经验和创新成果，切实发挥实验校的辐射引领作用，提升小学科学教育质量和水平。

（2）完成智慧科普创新实验室建设、科普课程开发、科普文化长廊建设、校园气象站建设、校园科普宣传、开展校园科技节活动和社会实践活动七个方面的工作。

（3）科学教育实验校的建设将进一步促进学校在数字化转型背景下的以创

新素养为核心的教育教学模式提升，进一步推动学校师资队伍的建设和成长，进一步推进学校科学课程体系的建设和完善，形成西部小学可复制、可推广的成功经验。

（二）实验任务

1.建立科学教育统筹保障体系

成立学校科学教育组织领导机构，制定实施方案，配备科学副校长（两名）、建立校内外专家资源库，持续提升教师科学素养与教学能力；购置一批科技类图书，建立科普图书角，漂流科技书袋进班级；完善科学实验室、科普实验室、创客教室、人工智能实验室、基于科学实验及科学视角的常态化教学的需求等，配齐配好实验仪器设备和资源等，为科学教育教学提供软硬件支撑。

2.加强科学类课程建设

开足开齐开好科学类课程，推进国家课程、地方课程、校本课程和科技社团协同育人。立足学校特色，因地制宜地构建学校科学类课程与资源体系，加强科技社团，形成内容丰富、形式多样的科技活动。对有潜质的学生早发现早培养，满足多样化学习需求。进一步加强"1+X"跨学科教学目标，聚焦科学办学特色，破解对科学教育重视程度不够、科学实验室及实验资源配比不足的瓶颈，进一步提升办学质量。强化科学教育同其他9门学科的跨学科教育，科学教育同道德与法治学科结合，培养学生从科学视角理解社会发展规律，树立正确价值观，科学教育同语文学科：体现科学教育阅读化（采取漂流科技书袋进班级），科学教育同数学学科：体现科学教育数字化（人工智能等），科学教育同英语学科：体现科学教育国际化，科学教育同音乐学科：体现科学教育戏曲化，科学教育同美术学科结合，引导学生探究音乐中的科学原理，如音符号频率与部介关系等，体现科学教育艺术：体现科学教育审美化，科学教育同体育学科：体现科学教育技能化，科学教育同信息技术学科：体现科学教育科技化，科学教育同劳动教育学科：体现科学教育传统化。

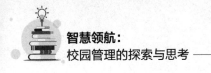

3. 强化实验探究教学

将实验和探究实践教学纳入教学基本规范，制作科学实验和探究实践教学手册，强化实践性教学要求，增加实验课比例，规范实验安全管理。精心设计实验等实践性教学内容，注重与多学科融合教育、人工智能教育、编程、乐高、社会实践等有机结合。创新教学方式，倡导启发式、探究式、项目式学习，提升学生动手实践能力、创造性思维能力和合作能力等。

4. 拓展科学活动资源

广泛利用校外优质资源，坚持将科学教育与馆校（校企）合作结合起来（盐池县科技馆，距离学校300米），将科学教育纳入课后服务，开展丰富多彩的学生科技社团与兴趣小组活动。与具有科学教育功能的机构（采取"学校+科协+教体局"联办的方式，"学校+高校+农机推广中心"联合的方式建设少年科学院。）建立常态合作，深入开展"请进来""走出去"活动。鼓励运用人工智能、大数据等技术手段，支持学生随时随地开展科学活动。

5. 实施学生多元评价

落实新时代教育评价改革和国家课程标准相关要求，探索改革评价方法，形成学生实验能力和探究实践能力评价办法。为了科学评价学生的科学能力和实践水平，学校将建立敢想、敢做、敢创小院士评价体系。

（1）敢想小学士

积极参与学校、科协等的科学实验探究任务，积极观察、操作、探究，形成丰富的实验小采集、小报告、小制作，赢得50枚"敢想星"时，可获得"小学士"称号。

（2）敢做小博士

前期已积累了一定的实验技能，能参与实验研究，可带领"小学士"进行自主试验，形成有价值的科技小发明、小种植、小养殖，累计赢得100枚"敢做星"时，提升为"小博士"称号。

（3）敢创小院士

已积累丰富的科学知识、实验经验、研究能力，以小课题形式指导"小学士""小博士"开展科学学习、实验研发，形成具有科研价值的新成果、新工艺，并以科技小论文等形式进行推广，累计赢得150枚"敢创星"时，获得"小院士"称号。

即结构性评价、过程性评价、发展性评价。重视过程性、形成性评价，将学生实验、探究实践能力表现纳入学生综合素质评价，推动教学评一体化设计与实施，促进学生核心素养发展。

三、实验原则

（一）主体性原则

以学生为本，因材施教，关爱、信任、尊重学生，体现学生学习的自主性、选择性、创造性；引导学生自主、合作、探究学习，激发思维，掌握知识，形成能力，体验成功。

（二）主导性原则

教师成为教学活动的组织者、引导者、参与者，成为教学活动中平等对话的首席，在教学活动中要充分预设、合理开发、适时点拨、提炼升华。

（三）分层性原则

目标分层、设计分层、指导分层、学习分层、实践分层。

（四）协作性原则

校级间和校内外协作开展，分组实践、共同反思，协助提升；学生间分组合作，强化做中学、用中学、创中学统筹普及与提高；互相监督，捆绑评价，整体进步，推动"请进来""走出去"有效联动机制。

（五）创新性原则

大胆探索，改革创新，反思优化，善教乐教；激励学生在自主学习与合作探究中增强科技自信自强、厚植家国情怀，在孩子心中埋下科学的种子，弘扬科学精神，传播科学思想，提升学生科技创新能力。

四、活动内容

（1）开发科学教育、信息科技、科创、创客等教学类资源；

（2）开展普惠性科技体验类活动；

（3）开展科创实践类操作活动；

（4）开展机器人类的竞技活动等；

（5）开展电脑绘画、思维类竞技活动；

（6）开展航空航模制作、模拟类活动；

（7）开展数字创作类作品展示活动；

（8）每年举办科技节和科普进校园活动。

五、组织机构

（一）领导小组

组　长：王生雄（盐池县第五小学党支部书记、校长）

副组长：韩定春　温云霞　施原旗　孟祥龙

成　员：王小燕　武小丽　范玉雄　高力文　蔡　翔　钱军林

职责：

（1）负责实验校推进工作和制定实验校的工作方案；

（2）负责协调区县科协及科普进校活动；

（3）负责邀请区级科普专家进校指导科学教育工作。

（二）工作小组

组　长：温云霞（盐池县第五小学教学副校长）

副组长：施原旗　孟祥龙

成　员：王小燕　武小丽　范玉雄　高力文　方琰芸及科学、信息科技教师。

职责：

（1）负责实验校教师配置、课程开设、实验仪器设备配备、科技社团的组建等工作；

（2）负责组织每学期科普进校园活动和一年一度的科技节等活动；

（3）负责开展科学教育宣传和每周一升旗仪式上讲科学家的故事等；

（4）负责收集整理过程性资料并进行阶段性经验总结。

（三）校外科技小组（馆校合作）

组　长：刘春玲（盐池县科协主席）

副组长：于根万（盐池县科协副主席、科学副校长）

　　　　王　堃（盐池县农业技术推广服务中心副主任、科学副校长）

　　　　冯　吉（盐池县教育体育局普教股负责人）

　　　　王志勇（盐池县青少年活动中心负责人）

成　员：李　飞（盐池县科技馆馆长）

　　　　宋富英（盐池县教育体育局普教股干事）

　　　　张豪贤（盐池县机器人协会负责人）

　　　　黄　欣（盐池县科技辅导员）

　　　　李小婷（盐池县科技辅导员）

　　　　六位家长（盐池县科技志愿者）

职责：

（1）负责对接县委、县政府相关领导要重视盐池县科学教育实验校工作；

（2）负责协调区内外科普专家进校指导、开展科普展览、科普体验、科普讲座、科普宣传等馆校合作活动。

（四）特邀专家团队

成员包括自治区科协相关专家以及宁夏大学物理学院的博士。

六、实施步骤

第一年（2024年）科普提高年，第二年（2025年）创新发展年，第二年学校将不断完善"一院一馆一基地"（少年科学院、校园科技馆、科学劳动实践基地）等硬件设施，第三年（2026年）特色品牌年，三年分五个阶段实施。

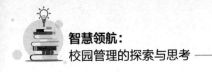
（一）第一阶段：准备阶段（2024年1—8月）

1. 观摩学习，明确目标

2024年3月，由分管教学副校长带队，赴区内学校、科技馆参观学习。立足校情，整校推进；明确目标，实验先行。

2. 成立机构，明确职责

4月份，成立以校长任组长的盐池县第五小学科学教育实验校领导小组，建立专家资源库，明确职责，迅速展开工作。

3. 立足校情，制定方案

在"请进来"培训和外出观摩学习的基础上，结合实验学校已有的基础，制定盐池县第五小学科学教育实验校工作实施方案，通过广泛听取意见、反复论证、不断完善实施方案（2024年5月底完成）。

4. 推进宣传，学习领会

召开盐池县第五小学实验校工作推进会，邀请县教体局、科协等部门领导参加。聘请区内外科学副校长、成立小小科学院，邀请家长科技志愿者代表参加，组织学习实验校工作实施方案，解读工作思路，进行再宣传、再动员，聘请通过校园红领巾广播站，打造每天大课间科技3分钟科普宣讲活动。营造工作氛围，强化科学教育意识（2024年6月底完成）。

5. 实施培训，拓展思路

暑假期间，外聘专家，针对学校管理层（校长、副校长、教务主任、教研组长）和科学教师进行为期一周的集中培训，帮助理清工作思路，明确目标和任务（2024年7月底完成）。

6. 建立机制，保障实施

领导小组依据工作方案，结合实际，借鉴名校经验，建立一套相对科学、完善、可操作的《盐池县第五小学科学教育实验校工作管理制度》（2024年8月底完成）。

（二）第二阶段：实验阶段（2024年9月—2025年6月）

（1）课程设备建设，构建学校科学类课程与资源体系，配齐配好实验仪器设备等。

（2）加强队伍建设，为教育信息化发展提供人才保障。引进新技术专业人员；加大对教师、信息化工作人员、行政管理人员的培训；以校本培训为主，尤其重视学校教育信息化管理人员的信息技术、网络管理能力提升，对教师进行信息技术的全员培训，加快建设具有现代信息科技素养、熟练应用信息技术的教师队伍和管理队伍。

（3）强化培训引领，工作领导小组办公室负责专家团队的外聘和与名校结对的联络工作，通过"请进来""送出去"的方式，重点培训科学教师基本的课程理念与操作技能，如学习小组的建设、基本模式的流程、集体备课的组织、学生行为习惯的养成教育、学习过程的监控评价等（2024年9月完成）。

（4）纳入课后服务，组建人工智能、机器人编程、电脑科技创意、航空模拟、手工制作（麻编、羊皮画等）、创意素描、乐高、科普实验等科技社团。

（5）举办首届校园科技节活动（活动内容：主题教育区、科学探究实验表演、科创体验区、科技创新成果展示区等）。

（6）坚持每周一升旗仪式上向全校学生讲科学家故事，科普进校园活动。

（7）校园科普文化建设及校内外科普知识宣传。

（8）建设一套满足小学科学教学需求覆盖学校所有班级的校园网教学资源系统，以"多一个维度看科学"为核心理念，从教学实践出发，以常态化教学应用为目标，以3D实验室软件为核心，融合显示系统，3DReady硬件平台等设备，全面实现立体互动式教学，极大地提升了老师与学生在教学中的是互动性与参与性。

（三）第三阶段：创新阶段（2025年8—12月）

（1）以赛代培：举办全校科学教育优质课大赛，巩固和提升教师课堂驾驭能力，展示构建科技创新课堂的成果，推进科学教育的优越性。

（2）以培代奖：根据进程需要，组织学校校长、主管教学的副校长、教务主任、骨干教师、科学教师等外出到东部、中部、西部优质学校进行短期培训，提升理念，坚定信念。

（3）展示汇报：科技社团开展展示评比活动，让人工智能、机器人编程、电脑科技创意、航空模拟、手工制作（麻编等）、创意素描、乐高、科普实验等科技社团讲制作过程和科学原理。

（4）举办第二届校园科技节活动（提升），科普进校园活动。

（5）坚持每周一升旗仪式上，利用校园科学家塑像，向全校学生讲科学家的故事，弘扬科学精神，传播科学思想，提升学生科技创新能力。

（6）举办学生科技小制作、小发明、3D创意设计、FLL探索等创新活动，培养学生动手操作和科学素养。

（7）建设一套满足学校所有班级校园网的资源平台"博物馆里的中国故事"培养学生认识历史，探究历史，从而培养学生结合中华文化底蕴，衍生创造性思维，从而培养学生利用科学思维创作的能力，增强培养学生爱国主义情怀。

（四）第四阶段：拓展阶段（2026年1—6月）

（1）专家引领：邀请国内知名科普专家到学校现场授课和理论分享，目的是进一步开阔视野，引导钻研，鼓励特色办学。

（2）区域推进：通过"教学评"的教学形式，请优秀实验学校的种子教师到我学校送课观摩，实现科学教育课堂区域化扩大、整体性推进。

（3）举办第三届校园科技节、科普进校园活动。

（4）举办一次数字创作类作品展评，包括学生科技小制作、小发明、电脑绘画、微视频、3D创意设计、FLL探索、FLL挑战等评比活动。

（5）效益拓展：借助专家、媒体、公众号、视频号等将学校实验成果推向全区，乃至全国，向实验要综合效益。

（五）第五阶段：总结阶段（2026年8—12月）

（1）领导小组和专家团队通过校本跟踪、交流、评估、监测等理性分析，总结、提炼出能够彰显实验校特色，形成相对固化的基本模式和经验。

（2）进一步促进学校在"数字化转型"背景下的以创新素养为核心的教育教学模式提升，进一步推动学校师资队伍的建设和成长，进一步推进学校科学课程体系的建设和完善，形成西部小学可复制、可推广的成功经验。

七、保障机制

（一）计划保障

本方案的实施将分为三个阶段：前期准备阶段（半年）：组织制定科学教育课程体系，筹备科学实践活动所需的设备和材料；方案实施阶段（两年）：逐步开展科学教育课程和科学实践活动，培训教师，建立评价体系；效果总结与推广阶段（半年）：总结方案实施效果，制订推广计划，推广示范校经验。

（二）经费保障

为了保障方案的实施，学校将通过以下途径获取资金支持。学校自有资金：将定比例的学校资金用于科学教育的资源和设备购置；政府支持：申请相关科学教育项目的资助和补助；确保2024年"一院一馆一基地"建设工作如期完成投入使用。

（三）师资保障

以张玲教授为组长，科学副校长于根万（盐池县科协副主席）、科学副校长王堃（自治区农业技术能手、盐池县农业技术推广服务中心副主任）为副组长，成立盐池县第五小学科学教育名师工作室，开展科学教育师资培训、管理工作；在盐池县教体局的支持下，依托县管校聘、学科转岗、专兼职师资条件，加强科学学科引才工作，壮大科学教学队伍；通过跟岗研修、在线研讨活动加强盐池县第五小学科学教师队伍思想建设，提升科学教师队伍科学素养和授课专业水平。

（四）技术保障

为了保障方案的有效实施，学校将提供以下技术支持与保障。建立科学教育信息平台：搭建科学教育资源共享平台，提供教学资料和学习资源；支持学生科学实践项目：为学生提供实验设备、材料和指导；支持学生科学实践项目：为学生提供实验设备、材料和指导，保障项目顺利进行；提供教师培训与技术指导：为教师提供培训课程和技术指导帮助教师提高科学教育能力。

八、工作要求

（1）学校要高度重视，严格执行方案，做好每个阶段的实施、督导与总结工作；校长为第一责任人，必须全身心投入每位教师的科学课堂教学，撰写有指导性的科学教学效益分析报告；领导小组划分包年级职责，全程跟进每一次科技活动，便于准确把握实验进程，发现存在的问题，及时掌舵方向；科学组活动要求：每月一次大型集体备课活动，两月一次主题教研活动，两月开展一次关于科学课堂、实验课、活动课、宣传效果、家长支持率、社会认可度等交流与总结。

（2）在一定范围内、一定程度上，立足于科学课堂效益的提升，积极主动地进行科学教育构建模式，分批、分层向主管部门提出项目申请，至2024年8月开始实现"稳步推进、分步实施、重点突破、全面提升"的工作构想。

（3）教体局相关股室，严格按照组织机构的职责分工，扎实、有效地做好组织、督导、引领、保障等本职工作，阶段工作总结要及时、指导要到位，跟进要落实。

（4）在推进实验校工作中，及时报道工作进程，总结经验，改进措施，领导小组办公室负责信息上传，专人负责学校相关信息的上报工作。

（5）在实验校工作中表现突出，有特殊贡献的科学教师和工作人员，请示上级教育行政部门将在不同阶段予以不同形式的表彰奖励，在职称评定、职务晋升、骨干教师遴选等方面予以政策倾斜，优先考虑；对行动迟缓、工作不利、成效微弱的教师予以岗位调整。

科学实验校三年规划

习近平总书记在中共中央政治局第三次集体学习时指出：要在教育"双减"中做好科学教育加法，激发青少年好奇心、想象力、探求欲，培育具备科学家潜质、愿意献身科学研究事业的青少年群体。盐池县第五小学为了培育青少年学生的科学精神，依据教育部全国科学教育实验校工作规划要求，以《全民科学素质行动规划纲要（2021—2035年）》《关于加强新时代中小学科学教育工作的意见》《义务教育科学课程标准（2022年版）》为指南，在教育"双减"中做好科学教育加法，充分整合校内外资源，推进学校校内课后服务主阵地与社会大课堂的有机衔接。落实学校科学教育"1+2+N+1"工作思路和"三结四带一提高"工作策略，着力打造魅力学校科学教育品牌。

一、背景分析

（一）学校概况

学校占地面积约84938平方米，现有教学班43个、教师101名，创建科学教育人工智能创新实验室1间、创客教室1间，智慧教室6间、智慧研训室1间、智慧阅读教室2间、科学实验室3间、编程教学教室3间、航空模拟教室1间；2022年争取自治区重点研发计划科普与科技创新政策研究项目，建设智慧科普校园（包括科普实验室、科普长廊等）；2023年自治区团委青基会捐赠科技萌娃实验室；同时又开设了人工智能、机器人编程、电脑科技创意、航空模拟、手工制作、创意素描6个科技社团活动，学生参与率高，为提升学生科技创新能力创造了极为有利的条件，活动效果明显。学校营造了讲科学、学科学、用科学的良好氛围，建造了8位科学家塑像，弘扬科学精神，传播科学思想，提升学生科技创新能力。是一所富有朝气、充满活力的魅力校园。学校以一流的教育教学质量，独树一帜的特色教育品牌，卓有成效的"1+2+N+1"工作思路：贯彻一个精神，即贯彻习近平总书记关于在教育"双减"中做好科学教育加法的重要指示精神；坚持两手抓，即一手抓思政教育，一手抓科学教育；做好科学教育同N项教育相结合，即同铸牢中华民族共同体意识教育，红色教育，国防教育，劳动教育，跨学科教育（1+X），校内外教育，家校协同、"互联网+"等工作相结合；落实一个根本任务，即"立德树人"根本任务。为进一步赢得社会、家长和师生的肯定，采取"三结四带一提高"工作策略，三结即科学教育同家校共育相结合、同跨学科教育相结合、同社会大课堂相结合；四带即学校带动老师、老师带动学生、学生带动家长、家长带动社会；一提高即提高全民科学素养。

（二）办学优势

学校经过十四年的办学，在学校领导班子和教职工团结协作、共同努力下，学校先后获得教育部第一批教育信息化试点优秀单位、全国中小学科学教育实验校、全国消防安全教育示范校、司法部"零犯罪学校"、国家节约型公共机构示范单位、全国传统文化传承学校、自治区党的理论创新"七进"示范点、全区安全规范化管理示范校、全区示范家长学校、全区民族团结示范校、自治区教育厅"五星级基层党组织"、自治区教育厅党建示范点、自治区法治示范校、自治区"互联网+教育"标杆校、自治区"互联网+教育"四星级智慧校园、自治区铸牢中华民族共同体意识示范校、全区教育工作先进集体、自治区优质教集团学校、全区劳动教育示范校、吴忠市教育工作先进集体、吴忠市德育先进集体、吴忠市特色学校、吴忠市文明校园等50多项荣誉，自2017年以来有4个案例入选教育部优秀典型案例，近年来教师参加教育部"一师一优课"和"四课"活动荣获优课20余节。

（三）机遇挑战

一是在科学教育做加法的背景下，学校依据全国科学教育实验校工作要求，需要进一步明确"1+X"跨学科教学目标，聚焦科学办学特色，破解对科学教育重视程度不够、科学实验室及实验资源配比不足瓶颈，进一步提升办学质量。强化科学教育与道德与法治、语文、数学、艺术等学科的跨学科融合，体现科学教育跨学科的思想性、阅读性、艺术性、时代性和数字化、国际化等范畴，全面提升学生科学素养。二是自2023年6月开始，盐池县第五小学与银川市实验小学建立教育共同体，学校的身份发生了转化，提升了学校的办学品位，通过跟银川市名校结对，聚焦办学的突出问题、寻求办学突破，真正将学校办成特色鲜明、品质卓越的科学名校。

二、总体规划

我们把科学教育实验校实施计划策略概括为"八字方针"：贯彻、坚持、做好、落实。我们将认真践行这一科学教育实验策略，并通过三年的阶段性发展，努力实现科学教育实验办学目标。

第一年（2024年）——科普提高年

学校充分依托全国科学教育实验校第三十六协同组，以创建"科学兴校"为目标，加强科学学习型组织建设和校园文化建设，使科普阅读、科学教育研讨学习成为校园时尚，学校硬件文化的规模化建设全部完成，各项科学教育软件、文化建设生机盎然、催人勃发。聘请科学副校长（2名）、成立少年科学院，打造"一馆一院一基地"；全面提高学生科学素养，培养学生的科学思维和实践能力，提高学生的创新能力和解决问题的能力。

第二年（2025年）——创新发展年

学校建立健全科学教育各项规章制度，深化学校内部体制改革，优化各项科学教育评价管理机制，凝聚新的发展动力，在继承中创新，在创新中发展，办学水平获得学生家长和社会各界的普遍好评。提升教师科学素养和教育能力，推动科学教师队伍的专业发展。

第三年（2026年）——特色品牌年

推动学校科学教育整体发展，形成科学教育的特色和品牌。师生科学素养明显提升，参加教育部门组织的科学类竞赛成果显著。整理教育教学成果，总

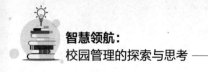
结办学特色，梳理和提炼"科学实验校"的理论与实践体系，真正成为一所名副其实的科学教育品牌学校。

三、推进举措

（一）科学阵地建设（少年科学院）

学校秉承将科学教育同铸牢中华民族共同体意识教育、红色教育、国防教育、劳动教育、跨学科教育、校内外教育、家校协同、"互联网+"等相结合，营造学生爱科学、学科学、用科学的良好氛围，结合地方资源。着力打造一个"少年科学院"，培养一批爱科学的"小院士"。采取"学校+科协+教体局"联办的方式，"学校+高校+农机推广中心"联合的方式建设少年科学院。

下一步计划完善科普校园建设、完善农耕学堂建设、更换实验室设施设备、建航空航天室、爱牛实验室、科技成果展示室等科技基地，再接下来的两年学校将不断完善"一院一馆一基地"（少年科学院、校园科技馆、科学劳动实践基地）科学校硬件设施，为下一步开展盐池县第五小学少年科学院科学教育评价活动创造良好育人环境。

（二）科创课程建设

根据学校实际情况和学生科学素养提升需求，开足开好"2+2"课程。

一是开好2门科学必修课程：结合国家科学课程标准、信息科技课程标准开设科学实验课、图形化编程两门必修课程。

二是开好2类科创课程：科创选修、创客体验课程。依据"2+2"课程不断提高学生的科学观察、发现问题、解决问题及实验设计能力。

（三）科技平台建设

一是建立科技竞赛提供组织保障制度，成立科技创新竞赛管理部门，为学生营造浓厚的校园科技创新氛围，搭建学生科技创新活动交流平台。设立学校科技创新专项经费，为学生参与科技竞赛提供资金保证。

二是制定健全的科技竞赛管理办法，鼓励师生参加竞赛工作，提高学生的科技竞赛水平，对参与科技竞赛取得成绩的学生及指导教师进行奖励。

三是为学生提供多样的科技竞赛训练平台，重点抓好科创选修课程的比赛训练保障工作，提供具有挑战性的科学竞赛项目，培养学生的实操创新能力。

（四）科学文化建设

一是加强校园科学育人文化建设。依托一院一馆一基地，建设人工智能实验室，开展科学小院士评价工作。通过校园红领巾广播站，打造科技3分钟科普宣讲活动；利用每周一升旗仪式讲科学家的故事；依托校园气象站，开展课间气象科普实践观测活动，打造科技长廊，宣讲科学家精神。建设科学读书角、班级科普园地，营造科普创新的育人氛围。

二是形成家校社多角度多层次的科学育人文化。联合盐池县科技馆、科普实践基地等，构建"五育并举"的科学教育实施载体，逐渐形成以"校园科技节""竞赛交流""科学实践考察""科学选修社团"和"讲座与培训"多途径落实的格局，介绍科学成果的应用领域和前沿技术，引导学生了解科学对社会发展的影响。

（五）科学评价体系

为了科学评价学生的科学能力和实践水平，学校将建立"敢想、敢做、敢创"为理念的小院士评价体系。

即采取结构性评价、过程性评价、发展性评价。定期科学作品展示：学生按照课程要求完成科学实践作品，学校组织展示和评审活动；科学竞赛展览：组织学生参加各类科学竞赛和展览活动，激发学生的创新能力和竞争意识；科学项目评估：组织专家对学生科学项目进行评估，评选出优秀项目并给予奖励；学科成绩与科学素养评估相结合：学校将科学素养纳入学科成绩评价体系，综合评估学生的学业水平。

（六）科学教师队伍

为了提高教师的科学素养和教育能力，学校将开展以下教师培训和支持措施：科学教育培训：邀请教育专家和相关企业专业人员进行科学教育培训，提升教师的教学水平；资源支持：为教师提供科学教育教材、参考书籍和教学资源支持教师开展科学教育活动；教学交流与研讨：建立科学教育教师交流平台，促进教师之间的交流和学习，发挥科学教师的主导作用，配备一批师范类专业的科学课程教师，逐步实现配备一名具有理工类硕士学位的科学教师。

四、规划保障

（一）组织保障

学校高度重视全国中小学科学教育实验校建设工作，多次召开专题会议，研究实验校建设工作，并成立了科学教育实验校工作专班，制订了科学教育三年规划、实施方案、年度计划、工作制度等，明确工作责任，细化工作分工，形成工作台账。为加快提升学校学生科学素质，全面提高学生科学学业水平，探索科技创新人才培育路径，学校聘请了两名科学副校长（其中一名是宁夏大学物理学院副院长曹志杰博士）、3名校外科技辅导员、6名校内科技辅导员和6名家长科技志愿者，11名专兼职科学教师和1名理工类硕士研究生，形成了一支战斗力强、经验丰富的科学教育工作队伍，构建起科学教育人力保障体系。

（二）课程保障

学校严格执行课程方案和新课程标准，开足、开齐、开好科学教育课程，立足学校特色，确保一、二年级每周至少1节科学课，三至六年级每周至少2节科学课，并落实国家《中小学实验教学基本目录》中的相关要求，利用每周五"5+2"课后服务开设科技社团活动，为了实现科学课程的最大化实验效率，购置了1—6年级爱牛实验箱，设置科学分组实验报告单，最大限度地发挥实验室作用。从而促进学生亲历每一个必做探究实践活动过程，实现科学核心素养的整体提升，保障科学课程有效落地。

（三）基础保障

校内建设有科普实验室、科学实验室、科普探索室、数字图书馆、校园气象站、开放科技图书架、创客教室、航空模拟教室、人工智能实验室、科普成果展室，打造"一馆一院一基地"文化阵地等；校外研学跟科技馆、企业、大中学校合作等，保障科学教育融合发展。

（四）文化保障

建设了科普长廊（12板块），打造了院士楼和航天楼文化，塑造了8位科学家塑像，安装了校园气象站，每栋教学楼安装一台电子阅读浏览机，每班安装一台智慧版班牌等设备，保障科学教育的学习环境。

（五）经费保障

近三年投入，2022年投资10万元，用于建设科普校园；2023年投资100万元，用于教师培训和课程开发；2024年投资100万元，其中县科协捐赠五十台航天航空模拟机，北京大学光华学院捐款5万元购置科普读物，农工党宁夏区委会联合捐赠100台显微镜，农工党苏州市姑苏区委会捐赠2台无人机，保障科学实验校各项活动顺利开展。

五、预期效果

（一）科学阵地巩固夯实

积极争取资金，完成"一院一馆一基地"项目建设。结合盐池县科协阵地建设，学生科普覆盖率达到100%，提升学生科普素养。健全创新师资人才培养阵地，建立健全专兼职科学教师、科学教研员队伍，教师的教学水平得到提高。通过科技教学相关培训，教师的教学水平和科研能力得到提高。

（二）科学课程特色凸显

完善科技创新人才培养课程，通过"2+2"科创课程体系完善行动，建立健全必修、选修实践体验类科学课程体系，学生的创新思维得到培养，动手能力和创造力得到提高。

（三）科创文化亮点纷呈

科普育人文化活动全面覆盖，拓展学生眼界格局，学生科普素养全面提升。科技小院士等科创评价文化鼓励学生大胆参与、积极动手，激发学生探索精神和创新意识。

（四）科学素养显著提升

科技创新成果成绩突出，学生科学素养得到普及提升。科学课程全面落

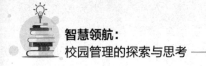
实，通过实验教学，学生的实验观察、分析解决问题的能力得到提高。学生的团队合作精神、科技报国情怀得到培养。

"五环"联动融合发展 构建科学教育新样态
——全国中小学科学教育实验校典型案例

宁夏回族自治区吴忠市盐池县第五小学作为全国中小学科学教育实验校，科教赋能助推"双减"，构建科学教育新样态。建立科学教育统筹保障体系，加强科学类课程建设，强化实验探究教学，拓展科学活动资源，实施学生多元评价。聚焦科学教育核心素养，采取"1+2+N+1"工作思路和"三结四带一提高"工作策略，构建"五环"联动融合发展的科学教育新模式，全面提升学生科学教育质量和科学素养，着力打造科学教育品牌。

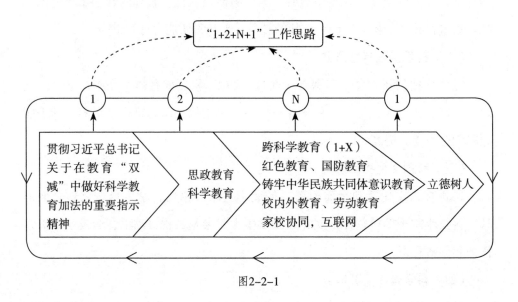

图2-2-1

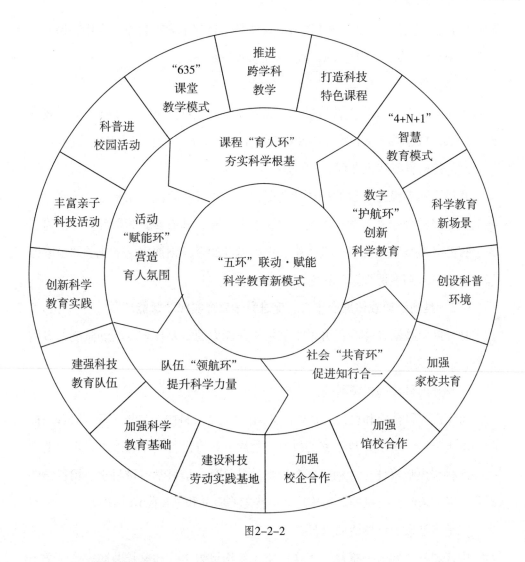

图2-2-2

一、具体做法

（一）推动学科教学融合发展，夯实科学教育课程"育人环"

把学科融合教学作为科学教育体系建设的首要任务，纳入学校课程群形成育人环，建设一体推进，夯实科学教育根基。

一是构建"635"课堂教学模式。

结合本校实际，建立了新课导入、自主学习、合作学习、展示汇报、课堂检测、总结提升6个环节，课前教师准备、学生预习，课中教学评一体化，课后

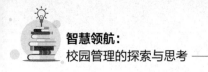
教师反思、学生托学的3个融通阶段，课堂教学过程中表现自主、合作、探究、智慧、创新5个特征，构建了课堂教学质量提升链条。

二是推进跨学科教学。

把科学教育纳入学科教学目标，贯穿于教学始终，构建"1+X"科学教育课程体系，培养科学家思维，不断提升学生核心素养及创新能力和实践能力。

三是打造科技特色课程。

开设了一年级为单位的科技特色课程，一年级孔明锁、二年级三阶魔方、三至六年级的气球动力车、纸船承重、航空航天、魅力实验等课程。又创建了人工智能、航空航天模拟、纸飞机、水火箭等20个科创社团，形成了"国家课程+校本课程+拓展课程"的科学课程群。

（二）推动活动载体融合丰富，促进科学教育实践"赋能环"

把开展科技活动作为提升学生创新实践能力的重要环节，活动赋能，多措并举，强力推进。

一是开展科普进校园活动。

每年依托科普周和科技节系列活动，联合区市县科协、科技馆开展科普进校园、博士带动学生讲好科学家的故事，每周一升旗讲科学家的故事，每学期举办一次科普黑板报评比活动等，激发学生爱科学、学科学、讲科学、用科学的兴趣，营造浓厚科技氛围。每年开展科普志愿服务和进校园10余次。

二是丰富亲子科技活动内容。

围绕"三结四带一提高"工作策略，年均组织学生和家长共同完成科学小实验1.2万个，征集科技绘画、征文、手抄报4000余份，科技小发明1011件，组装船模、航模等各类模型350余件，本学期开展丰富多彩科技活动20余次，参与师生家长2000余人，获奖人数73人次。

三是创新科学教育实践。

依托古长城、哈巴胡生态区等县域内33个研学基地，常态化开展"行走的思政课"研学活动，厚植学生爱党、爱国、爱科学的情怀。同时，依托"互联网+"，在线开展协同组活动，拓宽科学教育赋能渠道。

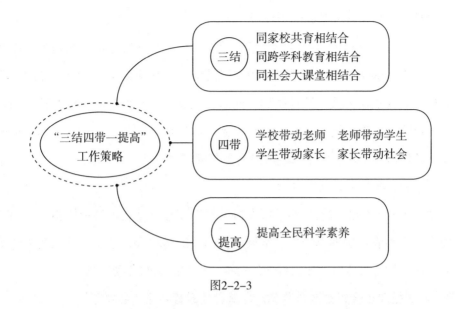

图2-2-3

（三）推动人文教育融合增效，提升科学教育队伍"领航环"

坚持立德树人，队伍领航，倾心打造"一馆一院一基地"文化阵地，构建科学教育人文支撑体系，营造科学教育文化氛围。

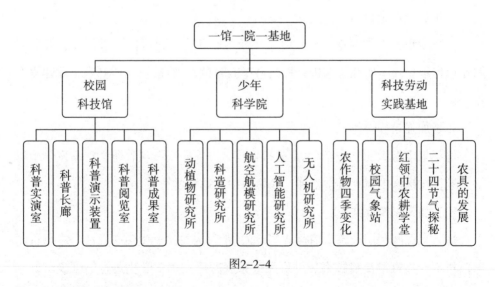

图2-2-4

一是建强科技教育队伍。

聘请2名科学副校长、9名校内外科技辅导员、6名家长科技志愿者、11名专兼职科学教师，建立了一支业务精湛、经验丰富的科学教育队伍。

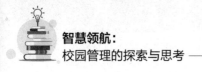

二是加强科学教育基础能力建设。

建设了校园科技馆，科技馆包括科普实验室、科普阅览室、编程室、创客教室、人工智能实验室、简易航空模拟训练舱、科普成果室等功能室12间，为做好科学教育加法夯实了阵地基础。同时，成立了少年科学院，设院长、副院长及动植物、科创、航空航模、人工智能、无人机5个研究所，在科技辅导员的指导下开展研究工作，学生兴趣浓厚、参与面广。

三是建设科技劳动实践基地。

学校建有2700平米的"红领巾农耕学堂"，让学生在种植中体验二十四节气规律、观察农作物四季变化、掌握农具的发展过程等，亲身感受人类生产生活离不开科学，培养学生探索科学的精神，树立正确的劳动价值观。

（四）推动社会资源融合共享，营造科学教育共建"共育环"

立足西部县域特色产业发展和东中西36协同组优势，形成共享共建的社会资源共育环。借助协同组优势，挖掘社会资源，推进家校社共育，积极打造"校外第二课堂"。

一是加强校企合作。

学校邀请县春雪非遗工坊、滩羊集团等企业专家进校园、进课堂，开展专题非遗传承、滩羊研究等宣讲，提高科学教育的实效性，现已与5家企业建立合作关系。

二是加强馆校合作。

每年集中组织2次全校学生走进科技馆，"零距离"科普研学，激发学生科学兴趣，在探索中树立科学精神，在思考中启迪科学智慧。

三是加强家校社共育。

每天大课间利用校园广播科普3分钟，学校为每位学生免费发放一本科普图书，每班开展好漂流科技书袋进班级进家庭阅读活动，学生每月给家长讲好一位科学家的故事，每月家长陪伴读好一本以上科普书籍，每学期家长陪伴做好8次以上科学小实验，让科学的种子从小根植于孩子的心灵深处。

（五）推动数字资源融合教育，创新科学教育数字"护航环"

将校园数字化建设作为拓宽科学教育渠道，丰富科学教育内容的重要手段，护航科学教育创新发展。

一是健全"4+N+1"智慧教育新模式。

"4"是管理、课程、教学、环境智慧管理框架，"N"是智慧校园应用生态圈，"1"是落实立德树人根本任务。通过"4+N+1"管理模式，实现科学教育教学教研管理流程的优化再造。利用我校全国第一批教育信息化示范校、全区"互联网+教育"标杆校、全区四星级智慧校园等资源优势，创新科学教育智能化。

二是打造科学教育新场景。

借助数字技术、国家中小学智慧教育平台等，扩大资源覆盖面，通过虚拟教学，STEM教育提升教学效果，满足个性化学习需求，推动科学教育多元化评价方式的变革。

三是创设科普新环境。

利用数字校园、数字图书馆、科普实验室、校园文化等资源，打造"处处能学、时时可学、人人皆学"的科普环境。

二、取得成效

一年来，学校在教育"双减"中做好科学教育加法，充分整合校内外资源，推进学校课程体系和开辟社会大课堂有机衔接，探索"五环"联动融合发展的科学教育新模式，提高科学教育质量，提升师生科学素养，取得积极成效。2024年11月7日，《宁夏日报》报道了中国流动科技馆宁夏·盐池站巡展和盐池县第五小学第二届科技节活动。2024年11月13日，《中国教育报》报道了我校"做好科学教育加法 探索科学教育新样态"典型案例。

第三章

智慧探索

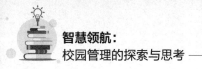

第一节　学校探索

基础教育质量提升行动策略研究

为深入贯彻宁夏回族自治区党委办公厅、人民政府办公厅《关于实施基础教育质量提升行动的意见》精神，根据《盐池县基础教育质量提升行动实施方案》（讨论稿）的通知，落实学校基础教育质量提升行动各项工作。

一、指导思想

以习近平新时代中国特色社会主义思想为指导，深入贯彻党的二十大和二十届三中全会精神，认真落实习近平总书记视察宁夏重要讲话精神。以"互联网+教育"信息化2.0提升工程30个微能力点改革为方向，狠抓常规管理，在"有效课堂"和"有效作业"上下功夫，建立考核运行机制，促进教育教学质量稳步提升，以办人民满意教育为目标，规范学校管理、提升教育质量，努力把学校办成全县、全区的基础教育质量提升示范学校。

二、工作目标

坚持以人民为中心，全面贯彻党的教育方针，落实"立德树人"根本任务，全面落实基础教育质量提升"五大工程"，聚焦内涵建设，强化规范管理，深化改革创新，推动学校教育均衡优质发展，构建更加公平更高质量的基础教育体系。到2025年，学校基础教育发展水平、教师的整体教研水平、学生的创新能力和教学质量水平显著提升。

三、组织机构

组　长：王生雄（支部书记、校长，负责基础教育质量提升行动全面工作）

副组长：韩定春（支部副书记，协助校长工作，充分发挥党员先锋模范作用，主要负责立德树人工作，做好基础教育质量提升行动信息宣传等工作）

温云霞（教务副校长，协助校长工作，制定基础教育质量提升行动实施方案，主要负责规划管理工作、新时代强师工作）

施原旗（总务副校长，协助校长工作，负责资源增量达标工作，负责基础教育质量提升行动后勤保障工作）

孟祥龙（政教副长，协助校长工作，负责改革创新工作）

成　员：王小燕（办公室主任，协助各处室做好基础教育质量提升行动工作，负责收文发文，资料整理，信息上报）

武小丽（教务主任，协助教务副校长工作）

范玉雄（政教主任，协助政教副校长工作）

高力文（总务主任，协助总务副校长工作）

蔡　翔（信息中心主任，协助教务副校长工作，负责基础教育质量提升行动中学校设施设备正常运行和网络畅通）

四、主要任务及责任处室

（一）立德树人工作

1. 扎实推进习近平新时代中国特色社会主义思想进教材、进课堂、进头脑

推动实施学校党建和德育品牌创建行动，扎实开展全国未成年人思想道德建设先进城市创建工作，不断强化思想政治课关键地位和课程思政协调育人作用，完善中小学德育工作体系，在增强道德修养、增长知识见识、培养奋斗精神、增强综合素质上下功夫，努力培养担当民族复兴大任的时代新人。丰富覆盖各年级各学段在线优质思政课资源，组织开展习近平新时代中国特色社会主义思想和社会主义核心价值观进教材说课比赛活动，选取习近平新时代中国特色社会主义思想学生读本的部分内容，举办学生书写竞赛活动。收集各学科习近平新时代中国特色社会主义思想和社会主义核心价值观进教材的优秀教学案例全校展示。强化少先队工作的政治属性，持续加强政治启蒙、政治引领，组织开展"红领巾奖章"争章活动和"红领巾学党史"网络精品队课活动。落实《中小学德育工作指南》，争取成功创建自治区德育示范校。广泛开展党史、新时代史、改革开放史、社会主义发展史教育，坚持每周一及重大节日举行升旗仪式，开展向国旗敬礼、国旗下宣誓、国旗下讲话等活动，每周组织开展一次主题班、团、队会，每学期组织观看一部红色影片、书写一篇爱国文章，每学期至少安排一周时间开展研学旅行和其他实践教育活动。（主要负责处室：党支部；协助负责处室：教务处、政教处、总务处。）

2. 加强体育美育劳动教育

以创建"五育"并举示范县、教体局融合示范县为契机，开齐开足上好体育课，推广中华传统体育项目，争创"一校一品""一校多品"体育传统特色学校，使每名学生掌握2项以上运动技能。实施学校美育场地器材建设计划，创建学校高水平社团，使每名学生掌握1—2项艺术技能。强化劳动教育，优化综合实践活动课程结构，开足用好劳动教育课时，组织开展劳动教育精品课推荐活动，争创国家劳动教育示范校；加强学校劳动实践基地建设。牢固树立健康第一教育理念，把健康教育融入学校教育教学各环节。（主要负责处室：党支部；协助负责处室：教务处、政教处、总务处。）

3. 深入推进家校协同育人

加强家校协作，以创建全国文明城市为契机，在学校建立家长学校，完善家长委员会，确定1名专兼职家庭教育指导教师；每学期至少召开1次家长会，举办1次家长开放日活动，定期开展家访，加强学校、家庭、社会教育的有机结合。引导家长树立科学育儿观念，改变唯分数论的现状；每年至少组织2次家庭教育指导和2次家庭教育实践活动；每年举行一次"新时代模范家长"经验分享交流会；充分利用将军馆、孝亲园、孔子像、科学家铜像等文化设施，引导学生更好地了解历史等，强化责任担当。（主要负责处室：党支部；协助负责处室：政教处。）

（二）资源增量达标工作

1. 推进学校标准化建设

学校的改造和提升计划，利用学校新建的知行楼新建美术、音乐、科学等专用教室和多功能室等，不断优化教育资源配置。通过学校经费、专项经费，建立信息化、实验仪器、图书、体育、劳动教育器材等装备补充更新、管理检测和有效使用机制。通过自治区考核验收和国家评估认定义务教育优质均衡学校。（主要负责处室：总务处。）

2. 完善基础设施

加快创客室、社团活动室、数字化实验室等建设，积极开展科学、体育、美术等特色教育。在培养目标、课程设置、教学方法、教学管理、育人方式等方面形成办学特色，适应学生培养新需求。（主要负责处室：总务处，协助负责处室：教务处。）

3. 残疾儿童教育

加强对残疾儿童的教育，严格落实重度残疾儿童少年"送教上门"工作。责任到人。积极沟通教育部门配备特殊教育教师。实施无障碍设施改造，达到无障碍建设标准。（主要负责处室：总务处；协助负责处室：教务处。）

（三）规范化管理工作。

1. 严格落实教学基本要求

严格落实"双减""五项管理"政策，按照国家课程方案和课程标准实施教学，加强课程实施日常监督，确保达到国家规定学业标准。落实自治区地方课程和校本课程审核管理规定，规范教材、教辅和教学资源管理。严格落实学科教学基本要求，坚持提前备课，严防不备而教、超标准教学等违背教学规律行为。严格作业管理，加强各学科作业统筹调控，切实减轻学生课业负担。（主要负责处室：教务处。）

2. 提高课堂教学质量

按照减负增效的原则，实施课堂教学质量增优行动，严格落实各学科课堂教学基本要求和优质课标准；指导教师熟练掌握教学基本技能，认真备课标、备教材、备学生、备教法、备技术，注重启发式、互动式、探究式、体验式、沉浸式教学，课前指导学生做好预习，课中讲清重点难点、知识体系，课后做好巩固练习。组织开展推门听课检查、每学期作业常规检查不少于4次、青年教师"三字两话（化）"基本功大赛、班主任基本功大赛、课堂教学"四课"比赛（新入职教师达标课、学科教师优质课、骨干教师示范课、教学名师精品课）、各学科教师"互联网+教育"应用说课比赛、引导教师应用数字教材。依据学段和学科特点，扎实开展创新素养教育，培养学生的好奇心、想象力、求知欲，激发学习兴趣。通过学生美育作品展示、中华经典诵读活动、校园"五育之星"评选、全校新时代好少年评选、学生课间操比赛、科技创新比赛。促进学生人格、思维、创新方法的培养和形成。（主要负责处室：教务处，协助负责处室：政教处。）

3. 强化优质教育协同发展。建立了三级分层联动教学模式的智慧课堂

（1）专递课堂：通过与盐池县高沙窝中心小学、盐池县冯记沟中心小学在线智慧教室开展专递课堂活动。为保证专递课堂质量，学校遴选赵咏梅等30多名学科优秀教师承担语文、数学、英语、美术、音乐等专递课教学任务。

（2）名师课堂：聘请全球醍摩豆智慧教育研究院（中国区）秘书长、名校长刘彬副教授，宁夏大学副教授贾巍博士、西夏区教研员刘桂兰，区级骨干教师刘赞丹，广西柳州市箭盘山小学教学研究处主任蒙俊敏等区内外专家进校送教指导30个微能力应用，提升教师信息技术应用能力。

（3）名校网络课堂：与浙江宁波惠贞书院，陕西杨凌高新小学，银川金凤二小、四小、五小，吴忠朝阳小学等区内外名校开展远程智慧教学教研活动。实现优质资源共享，缓解了薄弱学校资源供需不平衡的矛盾，利用远程课堂形成智慧共享。（主要负责处室：教务处。）

4. 发挥学校教研组长的引领作用

实施各学科教研组长专业能力提升计划，实行教研组长、备课组长任期制，建立教研组长的考核评价和奖励惩处机制，通过网络教研、学科教研、主题教研及教研组长教学展示、课题研讨等方式推动学校教研发展。推行教研组长引领、教师积极参与的校本研修工作机制，通过集体备课、双向听课、师徒结对课、说课评课、案例分析、课例研究、学科课程研修等形式，满足各层次教师发展需求，提升教师的教学能力。争取遴选和推广学科优秀教学模式、教学案例，打造批精品示范课上报县、市、区。（主要负责处室：教务处。）

5. 深化"互联网+教育"融合应用

在"互联网+教育"背景下，积极探索信息化2.0提升工程30个微能力的教学方法，提升教师信息化应用水平。在学校是自治区"互联网+教育"标杆校的基础上，开展基于人工智能、大数据、5G网络、区块链背景下的个性化学习。完善"空中课堂"长效机制，加强与教研共同体的在线课堂活动。建立教师使用数字教材资源、上传课程、在线互动的考核机制。推进教师使用网络学习空间，有效获取优质资源，及时上传精品课程，开展线上师生互动，形成课内与课外、现实与虚拟、线上与线下有机融合的教学模式。推动实施智慧校园建设提质行动，探索信息时代教育治理新模式。（主要负责处室：教务处；协助负责处室：信息中心。）

（四）新时代强师工作

1. 强化师德师风建设

将师德师风建设贯穿于教师管理全过程，在考核考评、评优选先、表彰奖励等工作中严格落实师德师风第一标准。实施教师入职宣誓制度，建立师德师风承诺、负面清单和失范通报警示制度，严肃查处师德失范行为。严禁教师组织、参与有偿补课。建立师德档案，把师德评价与教师人事档案同步管理。加强教师的法治和纪律教育。突出典型树德，推进"四有好老师"团队建设。（主要负责处室：党支部；协助负责处室：教务处。）

2. 创新教师专业发展平台

畅通教师专业层次提升通道，通过国培计划、学校"请进来"与"走出去"、教研共同体和名师工作室引领、网络研修、校本培训等多渠道，强化教师专业能力培训。适应教师专业发展需求。（主要负责处室：教务处。）

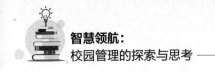

3. 提高教师培养培训质量

安排经费，落实学校公用经费5％用于教师培训政策。通过选派学校中层干部到区内外优质学校交流学习等措施，有效提升学校管理水平，努力打造一支政治过硬、思想先进、品德高尚、业务精湛、管理有方的学校领导队伍。全面落实"国培计划"和区、市、县教师培训计划，结合实际有针对性地组织开展校本培训，加强教师培训培养管理，实施精准培训，突出新课程、新教材、新方法、新技术培训。选派学科优秀教师到东部发达地区参加培训，强化跟岗实践和实地研修。（主要负责处室：教务处；协助负责处室：总务处。）

4. 培育优秀教育人才队伍

加强学校名师工作室建设和监管。组织开展课题研究等活动，发挥名师工作室作用。加强骨干教师队伍建设，通过线上线下加强学校名师的培养，打造本学校的优秀教师团队，有效带动全体教师业务水平提高。（主要负责处室：教务处。）

（五）改革创新工作

1. 深化教育评价改革

全面清理与教育评价改革政策不相符的制度文件，确保各项政策措施符合国家教育评价总体改革要求。落实国家和自治区中小学质量评价标准实施细则，建立健全体现素质教育要求、以学生发展为核心、科学多元的中小学教育质量评价制度和综合评价体系，坚持发展性评价与结果性评价相结合、正面引导与问题导向相结合、政府主导与社会和家长参与相结合。把师德表现作为业绩考核、职称评聘、评优奖励的首要要求。（主要负责处室：教务处；协助负责处室：政教处。）

2. 推进考试改革

严格落实相关政策，1—2年级学生不参加任何考试，3—6年级学生每学期只有1次期末质量检测考试，加强体育美育和劳动教育的测评，健全学生综合素质评价办法，将学生品行日常表现、提质监测、美育和劳动教育课程学习纳入学生综合素质考评中。（主要负责处室：政教处；协助处室：教务处。）

3. 提升校园治理能力

对照《校园治理达标和示范中小学（幼儿园）考核指标》7个一级指标和28个二级指标，大力实施校园治理能力提升行动，创建校园治理示范校，推进教育治理体系和治理能力现代化，强化教学、作业、考试、睡眠、手机、读物、体质、视力健康、心理健康等工作管理，规范办学行为，促进学生身心健康发展，推进平安校园建设。实现校园全封闭式管理和专职保安配备、一键式报警器、视频监控系统与公安联网三个100%的目标。完善教师减负机制，严格落实教师减负10项措施。落实《中小学教育惩戒规则（试行）》，保障教师依法实施教育惩戒。健全学校安全事故预防和处置机制。（主要负责处室：政教处；协助负责处室：教务处、总务处。）

多媒体辅助教学在小学数学教学中的运用

数学新课程标准中明确指出："要充分考虑计算机对数学学习内容和方式的影响，大力升发并向学生提供更为丰富的学习资源，把现代信息技术作为学生学习数学和解决问题的有力工具，致力于改变学生的学习方式，使学生乐意并有更多的精力投入到现实的、探索性的数学活动中去。"因此，如何通过多媒体技术对数学课堂教学改革，调动学生学习数学的积极性和主动性，是摆在每位数学教师面前的课题。

多媒体辅助教学逐步走进课堂已成为现代化教育中的一种有效手段，多媒体教学直观、多变、省时的优势，可激发学生的学习兴趣，加大课堂容量，有利于教师控制上课进程，恰当地使用多媒体教学，能利用图、文、声并茂的特点刺激学生的感官，培养学生的思维能力，提高教育教学质量。

多媒体教学强调不仅要让学生掌握知识结论，而且更要通过各种形象化的

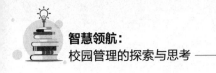
教学媒体的观察与思维，引导学生去探索、发现、归纳、总结出结论，即主动参与学习全过程，启发学生的智力，发展其能力，切实提高学生的全面素质。

一、创设情景，诱发学生的求知欲望

小学教学的首要任务是激发学生对学习内容产生兴趣。瑞士著名儿童心理学家皮亚杰曾指出："儿童是个主动性的人，他的活动受兴趣和需要支配。……一切有成效的活动，必须以某种兴趣作为先决条件。"也就是说，学生的学习兴趣是促使其进行学习活动的重要的心理因素。它能激发学生由已知探索未知，是进行深入思维活动的重要动力。

学习兴趣是学习活动中最现实、最活跃的因素，是学生感知事物，追求新知，发展思维的强大内驱力，是智力发展的基础。然而，兴趣和动机不是天生就固有的，而是通过外界事物的新颖性、独特性来满足学生的探究心理的需要而引起的。使用适当的电教手段，创设新奇的学习环境，有助于激发学生的学习兴趣。

例如，在教学"1000以内数的认识"时，我设计屏幕上出现一些零乱摆放的小方块，问道："为了快速知道这些小方块的个数，你有什么好办法吗？"问题一出，学生们各抒己见，当一名学生说一百一百地数很快时，电脑动态呈现把那些零乱的小方块每一百个整理为一组的过程，接着学生们跟老师通过动画一起数一数、摆一摆，形象、直观地理解并掌握了十个百是1000。

这一导入不仅罗列了本节课的知识点，也为接下来的读数、写数埋下伏笔，重要的是学生产生了愉悦的心理状态，诱发了学生感情行为上的参与意识，学生强烈的学习欲望油然而生。再如，教学"圆的周长"时，我设计了这样的开场白："两只小兔赛跑，小白兔沿着正方形的边跑了一圈，小灰兔沿着圆周跑了一圈，看谁跑的路程多。（此时，电脑显示两只小兔赛跑的动态画面）"教师提问："请同学们想一想，要知道小白兔跑的路程，实际上就是求什么？（正方形的周长。电脑依次闪烁四条边）那么小灰兔走的路程实际是什么图形的周长？"学生齐答："圆的周长。"（电脑闪烁）那么，怎样计算圆的周长呢？这节课我们一起来研究"圆的周长"。这样导入新课，直观形象、生动有趣，易于激发学生的求知欲，有利于提高学生的学习积极性。

二、运用多媒体教学，展示过程，优化教法

课堂教学过程的展开，需要通过一定的教学方法来实现。过去，我们常用直观教具向学生提供感性材料以形成表象，但是随着信息技术的深入发展，新世纪对人才获取信息、处理信息能力的呼唤，经验型的教学已不能满足目前教学的需要。数学教学中，运用多媒体信息技术进行教学的手段，弥补了传统教学方式和手段之不足。把多媒体教学作为学生形成概念、掌握原理、技能和解决问题的一种认知要素。不仅有助于揭示数学的本质和规律，而且有助于教师认真研究学生的学法，有的放矢地改进教法。如，教学"圆的面积"时，充分利用了多媒体电化教学的功能，以突破"圆的面积"教学的难点。教学流程是：先显示一个圆，再把圆涂上红色。同时展示课题——"圆的面积"。这样，一开始就突出了圆的面积的概念。接着，启发学生回忆已学过的图形面积是怎样推导出来的。怎样把圆的面积转化成学过的图形的面积呢？引导学生用这种数学思想和方法解决新的较复杂的问题。在这基础上，让学生小组讨论书上的剪拼方法，然后按照这种方法，小组合作把一个圆分成16等份，剪、拼成一个近似的长方形（边呈波浪形的近似长方形）。然后问："谁有办法把边变得直一点，把这个近似的长方形变得更接近标准的长方形呢？"这时，学生操作就有一定的难度了。老师说："我们请电脑小博士来帮忙，好吗？"老师先用电脑显示把圆分成16等份后，插拼成一个近似的长方形。再依次进行32、64、128等份的方法割补，让学生通过对比，直观地看出等分的份数越多，越接近长方形。在此基础上再通过移动演示，使学生建立圆半径，圆周长的一半和所拼成长方形的长、宽之间的联系，从而推导出圆的面积公式：$S=\pi r^2$。整个过程将操作、观察、演示和讲解融为一体，既优化了教师的教法，又指导了学生的学法。

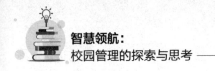
三、运用多媒体教学，突破重点和难点

教学过程中，教师必须具备准确把握教材，突出重点、突破难点的能力，而运用多媒体辅助教学是教师在教学过程中突出教材重点、突破教学难点的有效手段。多媒体计算机技术能提供直观形象和生动逼真的动态图像，伴随着图像的闪动、变化，不仅激发学生的学习情绪，又能发展学生的观察能力和空间想象能力，激活学生的思维过程。学生学习一个知识，一般都要经历"感知—理解—积累—运用"这样的一个过程。多媒体在小学数学教学中可以把抽象的概念和不易操作的实验活动过程进行处理，生动形象地展现在学生的面前。

例如，在"角的初步认识"的教学中，设计了找角、摸角、折角、画角、玩角五个环节，引导学生从观察实物开始，逐步抽象出所学几何图形。其中在画角这一环节中，改变了以往的教学形式，老师不示范画角的步骤，而是设计了这样一个动画课件，先出示一点，接着点闪烁几下，出示"顶点"两字，然后动画演示两条边的画法，边再闪烁两下，出示"边"，这样主要是在感知的基础上清楚明了地抽象出角的图形，这样直观、生动、形象的演示，使数学课变得形象、易学，巧妙地溶化了教学重点和难点，并为学生架设了由具体感知到抽象思维的桥梁，使学生的思维得到进一步的发展。

四、运用多媒体教学，培养学生创新意识和操作能力

把多媒体应用于教育教学过程中，进行教学再设计，必将更新教师的教学方式。如，多媒体显示技术及应用软件辅助教学，多媒体网络教室等教学设备的投入使用，这些更多地改善了原有的教学模式。教师是学生学习活动的组织者、引导者与合作者，教师要抓住教材中蕴涵的创造性因素，充分发挥多媒体的优势，创造富有变化、能激发新异感的学习情境，充分利用学生的好奇心，引导他们从不同的角度、不同途径去思考问题、研究问题、解决问题，实现教学方式的变革。

例如，学生学完"长方形面积的计算"后，教师展示这样一道题："实验

小学操场长90米，宽60米，为了满足学生活动需要，操场的长增加40米，宽增加25米，求操场的面积增加了多少平方米？"我们首先让学生自己想一想，画一画，尝试着算一算。学生在解题时出现了这样的错误解法：$40 \times 25=1000$（平方米）。这时，我们按题意在屏幕上先出示长90米、宽60米的长方形，再延长长方形的长与宽，形成扩大后的长方形，并把面积扩大的部分涂色，就能直观地看出扩大的部分并不是长40米、宽25米的长方形，再让学生看图思考、讨论增加的面积应该怎样求，在可视图形的帮助下，学生很快用多种方法解答出来。

总之，运用多媒体，优化教学过程，能有效地化枯燥为有趣，化抽象为具体，化静态为动态，突出重点，化难为易，为学生创造一个宽松的学习环境，充分调动学生学习兴趣和思维的积极性，使他们身临其境地感到在运用多媒体技术的学习中，自己的观察、思维、记忆、想象等能力有了很大提高。

探索"4+N+1"服务平台　推动校园数字化建设

学校紧紧围绕创建"互联网+教育"智慧校园星级建设目标，改善办学条件和提升教师、学生信息化素养能力，有效促进信息技术与教育教学深度融合。创建"4+N+1"服务平台推动校园数字化建设。"4"是"管理、课程、教学、环境"四个系统；"N"是智慧校园应用生态圈，利用数据连接、应用到校园各个方面；"1"是落实一个根本任务"立德树人"。通过"4+N+1"服务平台，实现对现有教育教学和教育管理的流程的梳理，优化流程，以数据为核心、智慧为基础、学校数字基座为关键点，为教育数字化建设提供助力。

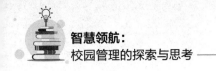
一、智慧管理，提高学校办学品位

1. 创建智慧校园工作平台

学校通过"互联网+"的技术有效促进各项工作有序开展，实现了"互联网+党建管理""互联网+教师管理""互联网+学生管理""互联网+教学管理""互联网+课程管理""互联网+安全管理"等各领域各环节教育管理信息的互联互通，从而减少不必要的人力、物力和财力浪费，实现学校管理自动化、个性化、科学化和智慧化。

2. 制定智慧校园建设方案

学校管理从系统中心、校本资源、图书管理、党支部、教务处、政教处、总务处、少先队、办公室、工会、信息中心等进行校务管理的信息化。实现无纸化办公，在考勤、信息发布、会议通知、计划总结、师生管理、教师交流、教师专业档案、教师培训培养、后勤财务等方面进行网络办公，并做到常态化、规范化，提高了管理效能和工作效率。学校自2012年确定为教育部第一批教育信息化示范校以来，不断探索与创新学校的管理方式，全面提高办学品位，实现管理的智慧化。

3. 做到四个常态化

一是教师常态化应用教学助手等教学软件进行备课、上课。

二是教师常态化应用在线课堂与冯记沟中心小学、高沙窝中心小学进行同步授课，实现资源共享。

三是常态化应用智慧教室，教师在智慧音乐教室、人工智能实验室、纸笔互动智慧教室、远程互动智慧教室、微机室进行常态化教学，全面提高了师生的信息化素养。

四是常态化应用智慧班牌，提高班级管理能力，展现班级文化和风采，让家长通过智慧班牌了解孩子、了解学校，进一步提升家长认可度。

二、智慧课程，促进学生全面发展

在数字化建设时代，校园信息化建设应顺应数字化的发展趋势，扩大优质教学资源建设，推动教育教学模式的改革，提高教学的质量和管理的效率，为教师和学生的全面发展创设良好的信息化支撑环境。为了实现培养目标，"互联网+教育"智慧校园的建设更应该注重能力和素质的培养，特别是创新能力的培养，因此，教育要从"以学科为中心"向"以学习者为中心"转变。

学校以学科组、教研组为依托，组建课程项目小组，本着团队合作研发和个人研发相结合、校内资源与校外资源相结合、线上和线下相结合、国家课程与校本课程资源相结合的原则，构建了"四纵五横"的校本智慧课程体系。学校结合国家课程、特色课程、扩展课程、综合课程四类课程，围绕学科核心素养构建了道德与品质（德育）、语言与科技（智育）、体育与健康（体育）、艺术与审美（美育）、劳动与实践（劳动）五大课程领域。聚焦核心素养，依托智慧课程，组织开展教学教研活动、"5+2"课后服务活动、社团活动、综合实践活动等，通过智慧课程培养学生的创新精神和实践能力，培养德智体美劳全面发展的社会主义建设者和接班人。

三、智慧教学，实现学生个性化学习

学校结合教与学的实际，培养学生自我创新、个性发展，探索新的教学模式；倡导"拿来主义"，根据学生的学情、教师的认知程度，把已经总结出的好的教学模式与实际做法结合起来进行实践探索。在反复探索与不断提炼基础上，学校探索出了符合课程改革特点并具有一定实效的"635"（六环三段五特征）课堂教学模式。"6"个教学环节，即新课导入、自主学习、展示汇报、教师点拨、课堂检测、总结评价。"3"个学习阶段，即课前：理念与准备，引导学生提前预习、尝试探究，制订明确的学习目标；课中：设计与实施，问题启发引导学生主动质疑、合作探究；课后：评价与提升，精心设计，引导学生有效练习、温故知新的三个融通的学习阶段，同时要有效运用到区域学校中，辅

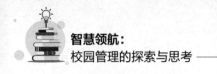

助教师按照课前、课中、课后的辅助要求做好指导与协助。"5"个学习特征，即自主、合作、探究、智慧、创新。

"635"课堂教学模式目的是使课堂成为活动课堂、常态课堂、创新课堂、优质课堂、智慧课堂。这样的课堂需要一定的模式，但不模式化。因此，依靠"互联网+教育"背景下的"635"课堂教学模式实现教与学方式的转型，将教的课堂向学的课堂转化，并在这一过程中实现角色转型，指导学生学会自主合作探究学习，同时也有效规范师生教与学的行为，全面提高教学质量与课堂教学效率，促进教师专业成长。在"互联网+教育"的背景下构建的"635"课堂教学模式是向教学个性化转变，树立特色意识；由研究"教师教什么"和"怎么教"向研究"学生学什么"和"怎样学"转变，树立角色转换意识，把课堂还给学生，实现课堂增效，提升学生课堂学习效率，减轻学生作业负担。

四、智慧环境，助力学校创新发展

随着"互联网+教育"标杆校、人工智能助推教师队伍建设实验校创建工作的推进，学校实现教师队伍建设与互联网的全面融合，构建"以校为本，基于智能、应用驱动、注重创新"教师信息化智慧应用环境。在信息化应用建设行动中，探索模式，积累经验。打造信息化引领团队，推进信息技术与教育教学融合创新发展。形成学校数字化发展规划，推进数字化校园、智慧校园、人工智能建设；探索教育、教学、教研、管理、评价、学习等领域的创新发展。

学校以数字化转型为发展理念，围绕教育观念更新和教育生态体系重构，及时实现教育理念、教育管理的变革，促进数字技术与传统教育融合发展，促进教师专业发展和成长方式的转变，不断破解学校教育和教师队伍建设所面临的难题，下定教育改革的决心，深入数字化发展，把标杆校创建工作作为学校的重点工作组织实施好，全面实施数字化转型，城市农村的孩子同上一节课，实现资源共享共用。

学校根据工作、教学需求，进一步完善智慧校园的建设，引进和鼓励教师开发现代信息技术与教育教学整合的软件及资料，充实学校教育信息资源库，实现学校教育资源共享。建设智慧教室、纸笔互动智慧课堂、智慧音乐课堂、智慧书法课堂、人工智能创新实验室、智慧班牌、智慧阅读、智慧研训室、智慧创客教室等环境。以教育的数字化推动教育的现代化。

学校在"互联网+教育"的背景下形成"4+N+1"信息化服务模式，围绕"管理、课程、教学、环境"四大智慧领域树立学校特色意识，创建"4+N+1"服务平台，改变教与学的方式，由研究"教师教什么"和"怎么教"向研究"学生学什么"和"怎样学"转变；树立角色转换意识，把课堂还给学生，实现课堂增效，提高学生学习效率，减轻学生作业负担，促进学生全面发展，最终把立德树人根本任务落到实处。

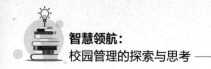

第二节　课堂探索

"互联网+"背景下的小学语文课堂教学探究

"互联网+"在很大程度上促进了小学语文课堂教学的发展，但目前我国的语文课堂教学还没有完全发挥"互联网+"的优势，因此，必须加强对互联网技术的研究，充分利用互联网技术，提高语文教学效率。

一、"互联网+"在小学语文课堂中的应用意义

（一）提高学生的语文水平

学生的学习效果受到教学条件的限制，小学生年龄小，对于语文教学中一些抽象的知识存在一定的理解困难，如古诗词中的月亮、杨柳等意象，部分学生可能无法顺利理解这些意象，而通过"互联网+"和多媒体设备的应用，则可营造出相应的情境，通过情境唤起学生的情感共鸣，让学生能够感受诗人的情绪波动。因此，"互联网+"的应用，可帮助学生更加巧妙地理解语文知识。小学语文知识点零散，给学生带来了一定的记忆障碍，教师可借助思维导图软件，如X-Mind、Git Mind或者Mind Line等，对课堂授课过程中的知识内容进行梳理，帮助学生通过思维导图构建知识脉络，而后提升学生的记忆效果。将整本语文书内的若干个小思维导图联系起来，也能构建梳理整本书内知识点的大思维导图，可使学生在学习以及复习时有更高的效率。

（二）利用互联网资源，充实教材

"互联网+"的出现使教师可将网络与语文课堂连接起来。在丰富的网络

资源支撑下，语文课堂的教学效率明显提升。在"互联网+"加持下的语文课堂可综合利用网络上的音频、视频、图片资源开展教学，并通过多媒体设备播放这些教学资源，而丰富的教学资源也可进一步激发学生对语文学习的兴趣。例如，在语文课堂阅读教学中，教师除了利用互联网搜索文章资源外，还可搜索视频资源并将其融入课堂教学，让学生通过视听结合的方式开展别具特色的"阅读"。同时，借助互联网搜索引擎，教师还能发现大量可用于语文课堂教学的精品资源，对这些精品资源的整合运用，更有利于培养学生的阅读思维和阅读习惯。

（三）推进多元教学模式的运用

现代教育的发展使小学语文课堂能够运用不同教学模式开展教学活动，但由于受到教学条件的限制，一些教学模式并未得到良好的运用。以情境教学为例，在没有互联网支撑的情况下，教师只能通过朗读课文、鼓励学生联想等方式创设语文情境，而在"互联网+"背景下，教师可依托多媒体设备创设绘声绘色的教学情境，让学生具有身临其境的学习体验。在"互联网+"支持下，教师也可实现线上课堂教学，同时借助微课、智慧课堂等教学模式推进教学活动的实施。简而言之，在"互联网+"的背景下，多种先进的教学模式得以成为现实，并取得了不错的应用效果。

二、"互联网+"背景下小学语文课堂教学现状

（一）忽视学生互联网思维的培养

在将"互联网+"应用于小学语文课堂教学的过程中，教师不仅需要利用网络丰富语文教学资源，更要教会学生利用网络自主搜集学习资源。然而，很多教师缺乏互联网思维，没有实现互联网与小学语文的深度融合，更遑论培养学生的互联网思维了。互联网既可成为学生努力学习的工具，也有可能导致学生深陷网络游戏、网络追星的泥潭，而语文教师缺乏对学生的正确引导，并未让学生学会正确利用网络进行学习活动，这也是语文教师在未来的语文课堂教学中需要特别关注的。

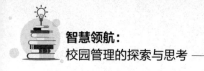

（二）教师信息技术水平有待提升

在"互联网+"的背景下开展语文课堂教学活动，需要教师具备一定的信息技术水平，能够实现课堂教学与互联网的结合，将互联网资源接入语文课堂中。然而，从现阶段的教学情况来看，许多教师的信息技术水平有待提升，不足以支撑"互联网+"背景下的课堂教学活动，也无法实现互联网资源的充分利用。一些教师的信息技术教学仅仅局限于制作并播放PPT，并未借助现代化的信息技术软件开展教学活动，教师也并未借助互联网充分拓展语文课堂的教学资源。

三、"互联网+"背景下小学语文教学策略

（一）培养学生互联网思维能力，帮助学生自主收集语文资源

"互联网+"在语文课堂教学中的应用，不仅为学生带来了丰富的学习资源，在教师的引导下，学生也可通过互联网自行搜集学习资源，以此借助网络实现自主学习，这就要求教师在"互联网+"背景下的语文课堂中做到"授之以鱼"和"授之以渔"的结合。教师和学生都可从网络上获取丰富的知识内容、学习资源，教师应为学生利用网络和信息技术获取知识打开一扇窗户，帮助学生学会从网络上自主检索知识、获取信息，并能结合课本所学知识搜集自己需要的资源。因此，在"互联网+"背景下开展语文教学活动时，教师可设置趣味性的语文学习项目，将学生带到学校机房，让学生打开机房内的计算机，并按照教师的指挥进行操作，学会检索知识内容。

教师也可设置一些自主检索内容，比如，给出一个话题，让学生搜索信息并表达自己的观点，鼓励学生能够在上课期间动手操作、收集整理信息并对信息内容进行提炼分析，用简洁的语言表达出来。再如，教师在教授课文时给出一个自主性较高的学习任务，让学生收集与课文背景相关联的内容，包括作者生平、作者写作风格、写作技巧等。因此，在将互联网融入语文课堂教学的过程中，教师应积极培养学生的互联网思维，使学生具备用网络自行搜集知识的能力，能够通过网络拓展自己的学习能力和知识视野。在培养学生互联网思维

的过程中，教师也要对学生讲解一些辨别互联网内容的方法，避免学生受到不良信息内容的诱导，引导学生正确利用网络进行学习活动并不断提升自身综合素养。

（二）全过程推进"互联网+语文教学"

1. 优化课堂活动设计

在"互联网+"的支持下，教师要做好课堂活动的优化设计，从而突破教学重难点内容。教师可借助"互联网+"实现微课教学，微课教学主要依托融汇了课本知识点的微视频展开授课。一般情况下，微视频的时长为5—8分钟，恰好对应了小学生注意力集中的时间。小学生很难在长时间内保持集中的注意力。一般情况下，学生注意力可保持15—20分钟，而教师在课堂开始环节播放时长为5—8分钟的微视频，可使学生在注意力最集中的阶段对知识进行深入了解，并对本节课的教学活动和知识脉络进行大体掌握。微课教学的应用可与课堂导入联系起来，在课堂导入环节刚结束的时刻，学生的注意力处于最集中的状态，而且学生的思维被课堂导入内容所调动，这一时间段学生的学习效率是最高的，如果能够顺利衔接上微视频，就可使微视频的知识内容在学生脑海里打下深深的烙印。除了利用"互联网+"进行微课教学外，教师也可将其应用于师生互动、问题探究等教学活动，实现语文教学的高效开展。

2. 做好课堂总结

教师可借助"互联网+"实现语文课堂的知识总结。在语文课堂正式教学结束后，学生可能无法在短时间内记住所有知识点，而如果缺乏课堂总结环节，就会导致学生在课后遗忘知识内容。因此，教师可用信息技术或者互联网软件制作知识总结表格、思维导图及知识网状图。以知识网状图为例，教师可事先制作好网状图，而后将网状图内部的语文知识抠除，然后让学生结合课堂上的学习活动将空白的网状图补齐。如此一来，既激发了学生对课堂总结环节的兴趣，也使得学生对课堂总结形成更深的记忆。教师也可让学生将网状图画在课本上，或者将其记录在笔记本上，以便后续的复习环节能够顺利运用网状图开展复习活动。

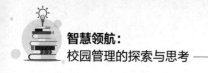

3. 提高教师的信息化能力，促进互联网资源在教学中的运用

在具体的语文课堂教学中，为了推进"互联网+"的教学应用，教师也要不断提升自身的信息技术水平，能够熟练运用多种信息技术软件开展教学。教师是教学活动的组织者和引导者，对于教学活动的开展以及教学进度的把控具有直接作用，这也使教师的信息技术水平直接影响到互联网在语文课堂中的应用效果。因此，教师需要积极重视互联网和信息技术的教学应用，意识到两者在语文课堂中的应用价值，并采取相应的措施推动信息技术、互联网和语文教学的有序结合。

教师一方面要借助互联网搜集丰富的网络资源，现阶段可用于搜集语文教学资源的网站包括中小学教育资源平台、语文学科网、教学资源社区、教育资源网等官方网站平台，也可通过学习强国、知乎等平台搜集教学资源，可与古诗词教学结合起来。

另外，教师也可借鉴上面的视频作品，制作符合教学需求的语文视频，并将其应用于课堂教学活动中，这需要教师能够利用搜索引擎获取适用于课堂教学的语文资源，还需要教师具备一定的剪辑技术和视频制作技巧，教师可利用这些剪辑软件轻松制作出有利于语文课堂教学的视频资源。此外，教师也需要保持时刻学习的意识，能够随时随地利用空闲时间接触互联网并学习信息技术，以此不断提升信息技术应用水平，从而在"互联网+"背景下为学生们提供一堂精彩绝伦的网络化课堂。

四、结束语

综上所述，"互联网+"的出现为语文教学提供了便利，可以有效地丰富课堂内容，实现多种形式的教学，提高学生的学习效率。同时，教师要正确认识"互联网+"实施过程中的若干问题，将"互联网+"融入语文教学中，重视学生的互联网思维，指导学生使用网络工具进行自主查找，同时，教师要不断提高自身的技术素养，以使"互联网+"更好地融入语文教学中。

小学低年级数学应用题的思考与探索

从应用题教学的发展过程看，低年级应用题是整个应用题教学的基础，其中最主要的是简单应用题教学。由于小学生的抽象概括能力差，即使"朗朗上口"也不一定能掌握它的解法。有些学生在解答应用题时，学过的就不假思索地做出来，如果稍加改动就不知如何下手，要改变这种情况，就要求教师在平时加强"双基"教学的同时，抓好以下三方面的工作。

一、教学生学会审题，培养学生认真审题的习惯

应用题的难易不仅仅取决于数据的多少，往往是由应用题的情节部分和数量关系交织在一起的复杂程度所决定的。同时题目中的叙述是书面语言，对低年级学生的理解会有一定的难度，所以解题的首要环节和前提就是理解题意，即审题。读题必须认真、仔细。通过读题来理解题意，掌握题中讲的是一件什么事？经过怎样？结果如何？通过读题弄清题中给了哪些条件？要求的问题是什么？实践证明学生不会做，往往缘于不理解题意。一旦了解题意，其数量关系也将明了。因此，从这个角度上讲理解了题意就等于题目做出了一半。当然还要让学生学会边读边思考。

二、加强数量关系的分析与训练

数量关系是指应用题中已知数量与已知数量、已知数量与未知数量之间的关系。只有搞清楚数量关系才能根据四则运算的意义恰当地选择算法，把数学问题转化成数学式子，通过计算进行解答。因此，低年级教学中简单应用题的数量关系，实际上是四则运算的算理与结构。所以从应用题教学的一开始就要

着重抓好分析数量关系这一环。为此，首先要重视教学中的分析与说理。这是因为不仅要通过数量关系的分析找出解答的计算过程，同时计算过程本身也反映了解题的算理。所以要重视教给学生联系运算意义，把应用题中叙述的情节语言转换成数学运算，在理解的基础上用学生自己的语言叙述。对每一道题的算法，教师都要认真说理，也要让学生去说理，使学生能够将数量关系从应用题的情节中抽象出来纳入已有的概念中去。

例如，在教学求两数相差多少，求比一个数多几（或少几）的数的应用题时，通过学生操作和教师直观演示，使学生明确：甲数比乙数多，那么甲数就包括两部分，其中一部分和乙数同样多，另一部分是比乙数多的部分，从甲数里去掉和乙数同样多的部分，剩下的就是比乙数多的部分，所以用减法计算。这样教学使学生对应用题的数量关系比较清楚，掌握了一类问题的分析思路，从而避免小学生仅仅依靠对题中某些词语的臆断或盲目尝试来选择算法。既培养了学生的解题能力，又初步发展了学生的分析、推理能力，为今后解答更复杂的应用题打下基础。

其次要重视简单应用题基本结构的教学。使学生明确简单应用题由两个已知条件和一个问题组成，缺少条件要补条件，缺少问题要补问题才能构成一道完整的应用题，同时条件与条件、条件与问题之间要有一定的联系。教学时可以进行提问题、填条件的练习。通过训练，使学生看到相关联的两个条件能提出问题，看到一个问题、一个条件就能意识到还要补充什么条件。这一训练还可以使学生加深对应用题数量关系的认识，也为今后教学复合应用题提出中间问题做铺垫。

例如：第三册有这样两个题：

1. 小丽做了20朵红花，_____。每个同学分得几朵？

2. 40个同学去检查身体，每5个同学一组，_____？

使学生明白：根据总数、份数可求出每份数；根据总数、每份数可求出份数，每份数必须和份数对应。通过独立思考、分组讨论，激发学生的学习兴趣。

另外，要注意使学生切实掌握解题思路。解题思路是指解答应用题的思考线索。只有切实掌握解题思路才能做到思维有方向、解题有依据，使小学生的思维逐步能够借助表象和概念进行。能在已有知识经验的基础上进行一些较复杂的判断。

例如，在学生掌握了"大数=小数+相差数"，"小数=大数–相差数"这两个关系式后进行对比练习：

1. 黑兔有28只，黑兔比白兔多6只，白兔有多少只？

2. 黑兔有28只，黑兔比白兔少6只，白兔有多少只？

3. 黑兔有28只，白兔比黑兔多6只，白兔有多少只？

4. 黑兔有28只，白兔比黑兔少6只，白兔有多少只？

5. 白兔有28只，白兔比黑兔少6只，黑兔有多少只？

6. 白兔有28只，白兔比黑兔多6只，黑兔有多少只？

7. 白兔有28只，黑兔比白兔多6只，黑兔有多少只？

8. 白兔有28只，黑兔比白兔少6只，黑兔有多少只？

这八道题看似很简单，如果要想全对，也不是件容易的事，教师要鼓励学生讲出自己的想法，掌握思考分析方法，让他们能尝试到胜利的喜悦，从而增加他们分析问题的信心。通过这个练习使学生知道，分析数量关系是正确解答应用题的关键，并且学会如何把条件和问题，按叙述的情节转变为数学运算。

同时，还要重视解题基本方法的训练。一道应用题呈现在学生面前如何根据已知条件确定解法，这需要运用各种思维方法进行探索。如，第四册开始接触两步计算的应用题。一开始由教师提出问题，引导学生思考，避免包办代替，注意指导学生复述思考过程。在练习时试着让学生自己去模仿思考，比较完整地叙述解题思路。遇到应用题尽量让学生自己去思考，然后集体分析讨论，使出错的学生明白错在何处，别人是怎样分析的，把别人的思维过程作为研究的对象，学着分析。总之，分析能力的培养是一点一滴进行的，切忌操之过急，教师要注意帮助学生去归纳、总结，久而久之，学生的分析能力也就得到了提高。

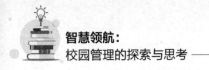

三、帮助学生掌握正确的解题步骤

在小学虽然概括解题步骤是在学习了复合应用题时才进行的，但低年级开始应用题教学时就要注意引导学生按正确的解题步骤解答应用题，逐步养成良好的习惯，特别是检查验算和写好答案的习惯。一道题做得对不对，学生要能自我评价，对的强化，不对的反馈纠正，这实际上是一个推理论证的过程。完成列式计算只解决了"怎样解答"的问题，而推理论证是解决"为什么这样解答"的问题。然而，低年级学生不善于从已知量向未知量转化，有时又受生活经验的制约无法检验明显的错误，因此，一要教给学生验算的方法，例如，联系实际法、问题条件转换法和另解法等；还可以先由师生共同完成，然后过渡到在教师指导下学生进行，最后发展成学生独立完成。

在教学中还经常遇到学生不重视写答案，只写"是多少"就算完了的现象。答案实际上是很重要的，是一件事情的结束。我们做事强调有好的开端，也得有好的结束，那才是一件完整的事，我们做题就同做工作一样，应该有完美的结束。因此，不仅要使学生重视写答案，还要使学生学会写答案。

总之，从应用题教学的发展来看，低年级应用题教学是整个应用题教学的基础，学生在这个阶段学习中对应用题的结构、基本数量关系和解题思维方法掌握的程度，都将直接影响以后应用题的学习，因此，必须从基础抓起，做好低年级应用题的教学。

浅析小学道德与法治教学质量提升策略

在小学阶段，道德与法治学科明确要求通过课堂教学，让学生能够初步了解中国的基本国情、中华优秀传统文化、法治教育、基本的道德要求和行为规范，能够在日常生活中践行诚实守信、团结友爱、尊老爱幼等基本的道德要求，形成初步的道德认知和判断，明辨是非善恶；能够具有基本的规则意识和安全意识；能够正确认识生命的意义和价值，关心集体、社会和国家，具有团队意识和互助精神等。同时，通过生活体验、社会实践等帮助学生培养良好的道德品质。

一、研读课程标准，明确教学目标

教师要认真研读课程标准，弄清楚教材编排体系，大胆对教材进行挖掘，同时结合小学生的具体情况，明确教学目标，积极组织教学活动。在小学阶段，道德与法治教学要求学生学习理解掌握的知识：认识国家象征及标志；初步建立国家、国籍、公民的概念；初步建立对家庭关系的法律认识；初步建立规则意识，初步理解遵守规则、公平竞争、规则公平的意义与要求；初步建立法律面前人人平等的观念；了解安全知识、基本交通规则；初步了解自然，爱护动植物，为节约资源、保护环境做力所能及的事。如，二年级的道德与法治教材编写以生活为经，以学生的内在发展为纬，内含两条线索，与学生的生活时间与社会空间延展相一致；延续低段教材图文并茂的绘本式教材特点，出现相对复杂、深刻的道德教育问题，帮助学生更好地理解与把握生活的意义，实现道德成长。如，在教学《让我们试试看》一课中，通过教学活动的开展，教师引导学生观察生活细节、积极调节情绪、感受生命成长，从而增强学生生活的自主与创新意识。教学目标应该定位为：有勇气尝试富于挑战性的活动，不怕苦，不怕难，不胆怯；愉快开朗，积极向上，能在教师帮助下控制和调整自己的情绪；开朗、积极，喜欢和同学、教师及他人交往；有应付挑战的勇气，在学习与生活中遇到问题愿意想办法解决；能够用观察、比较、小实验等方法进行简单的探究活动，养成探究的习惯，学习探究的方法。

二、丰富教学内容，拓宽知识视野

教师要丰富小学道德与法治教学的内容，使之更加贴近学生的生活实际和社会现实。教师可以通过引入时事新闻、社会热点、生活实际等素材，让学生了解道德与法治在现实生活中的运用；同时，结合传统文化、民族精神等内容，让学生在传承中汲取智慧，拓宽知识视野。在传统教学中，教师引入生活中的一些元素程度还不够，并且在一些情况并不符合学生的生活实际，所以会削弱教学的展开效果。在当前的小学道德与法治教学中，教师借助信息技术巧妙引入生活元素，做到教学内容生活化，使学生高效地吸收和掌握道德与法治知识。从根本上说，道德与法治教学和生活是息息相关的，在教学过程中，为保障学生能够跟随上教师的授课节奏，教师所讲述的知识内容就应该和学生的生活实际相结合，使学生认识到学习道德与法治知识的作用和价值，这样不但利于提高教学效果，还促使学生在现实生活中应用自身掌握的道德与法治知识去解决相关的问题，从而提高生活质量。如，在教学《正确认识广告》一课时，为了让教学内容贴近学生生活，教师可以先向学生提出问题：何为广告？你对广告是怎样理解和看待的？随后学生就会说出自己的想法，如，有的学生认为广告很有价值，可以帮助自己更好地了解产品；有的学生认为广告很讨厌，自己不会关注广告；还有的同学认为广告已经融入我们的生活，无论你喜欢还是不喜欢，广告无处不在。在学生回答问题后，教师可以应用现代化技术为学生播放现实生活的各类广告，如，包括公益、教育类广告等。在放映的过程中，教师可以引导学生正确认识广告，并鼓励学生各抒己见，促使学生理性看待广告，客观了解广告的作用。

三、创新教学方法，引入生活案例

在教学方法上，我们要摒弃传统的灌输式教学，采用更加灵活多样的教学方法。比如，教师可以通过情境教学、角色扮演、小组讨论等方式激发学生的学习兴趣和主动性，同时，教师也可以利用现代教育技术手段提高教学效率，增强学生的学习体验。在开展道德与法治教学时，教师要重视学生的情感需求。落实这一目标，教师要结合小学生的特点，积极创设教学情境，丰富教学素材，引入学生感兴趣的生活内容。又如，教师可以将生活中的案例引入教学，促进学生对道德与法治知识的理解和吸收，引导学生根据生活案例主动探索和分析道德与法治知识，从而增强学生对知识的理解和记忆。这种方式也可以降低学生的学习难度，还可以帮助学生在掌握道德与法治知识的情况下，主动利用知识去解决现实生活中的一些难题。再如，在教学《完善自我，健康成长》一课时，涉及"学会尊重""学会宽容"及"学会反思"这三部分内容，为了促使学生掌握这部分内容，教师就可以引入生活案例，通过讲故事，让学生谈感受，促使学生学会尊重和宽容他人，这样不仅可以促使学生理解本节课的知识内容，也能够提高学生道德修养和品质。

四、完善教学评价，促进全面发展

教师要完善小学道德与法治教学的评价体系，使之更加科学、全面。除了传统的笔试成绩外，教师还应注重学生在实践活动中的表现、道德行为的养成及法治意识的提升等方面的评价。

多元化的评价方式，不仅可以全面反映学生的学习成果和道德素养提升情况，还能促进学生的全面发展。作业是学科教学评价中的一项关键环节，教师为学生布置高质量作业并保障学生的有效完成，利于巩固学生的知识学习。然而，在以往的作业布置中，教师为学生布置的课后作业，并未和现实生活之间进行紧密联系，往往都是围绕课本中的知识内容进行的，不仅不能激发学生完成作业的热情，也不利于学生对所学知识的内化吸收与迁移运用。所以，在当前小学道德与法治的作业布置中，教师应该为学生布置生活中的作业，切实提高学生完成课后作业的主观能动性，通过保障学生的作业完成质量，提高学生对道德与法治知识的学习成效和评价。

例如，在教学《弘扬优秀家风》一课时，教师为学生设计生活化作业，让学生在家长的帮助下，通过书籍或网络等渠道收集和归纳关于家风的资料，以便进一步深化学生对优秀家风的认知。随后，教师指引学生将这种优秀的家风贯穿在自己的生活中，使学生也能够掌握到弘扬家风的方式，从而巩固课堂所学，提高学生的综合素质。

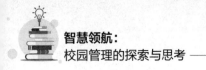

　　总之，在小学道德与法治的教学过程中，教师要研读课程标准，明确教学目标，灵活导入新课，丰富教学内容；促进学生高效学习，激发学生的学习兴趣和欲望。同时，借助多媒体手段创新教学方式，完善教学评价，实现"教—学—评"一体化，从而帮助学生掌握知识，理解知识，深入反思课堂，提升小学道德与法治教学质量。

浅谈小学美术教学中多媒体的有效应用

　　在小学美术教学中，多媒体技术的引入为课堂注入了新的活力。通过图像、声音、动画等元素的结合，多媒体设计能激发学生的学习兴趣，拓展学生的视野，并帮助他们更好地理解和掌握美术知识与技能。

一、利用多媒体，激发学生的学习兴趣

　　以往受应试观念的影响，一些学校或多或少地存在对小学美术教育重视程度不够的情况，认为美术等学科难以和基础学科相提并论，这在一定程度上导致部分美术教师对课堂管理不够严格，也在一定程度上影响了学生学习美术的兴趣。而实际上，美术学习不仅可以培养学生的审美能力，而且对他们正确的人生观、世界观的形成，具有举足轻重的作用。因此，教师要树立正确的教育观，高度重视美术教学，努力提高学生学习美术的兴趣，从而使学生积极参与美术学习活动。

二、利用多媒体，增强学生的审美判断素养

　　当今，中国的基础教育进入核心素养时代，美术学科提炼了图像识读、美术表现、审美判断、创意实践和文化理解五大素养。其中，审美判断指对美术

作品和现实中的审美对象进行感知、评价、判断与表达。基于新课程改革的要求，一线美术教师必须更加注重对学生审美判断素养的培养，引导学生感受、理解、阐释作品，其中第一步便是观察、感知作品，用个人的知识经验进行初步的感知，再从深入造型、色彩、肌理等方面进行探究、识别与判断。然而，在日常教学中，有时可见由于课堂时间不足，学生难以深入开展自主观察、主动探究活动的现象。这样，学生的观察能力、自主探究解决问题的能力难以得到有效提升，这在一定程度上阻碍了学生审美判断素养、审美能力的发展。因此，教师在教学中要合理使用各种多媒体教学资源，留出充裕的时间让学生自主、合作、探究学习，借以提升学生的审美判断素养。

三、利用多媒体，启发想象，开拓创新

小学生不仅具有天真、好玩、好动的天性，而且想象力比较丰富。但是以往的美术课堂受教学场所限制，难以很好地为学生提供个性化的展示空间。多媒体技术的有效应用，可以有效开阔学生的视野，张扬学生的个性，激发学生创作的意愿。例如，三年级《动物的花衣裳》一课，课堂教学伊始，教师便以小游戏"找出自然界中隐藏的小动物"引发学生对动物的花衣裳由来的探索；紧接着，教师展示各种动物漂亮的花衣裳，让学生直观了解有的动物借助身体颜色与周围环境相融合有效地隐藏自己，有的动物为了获得异性的青睐进化出特别艳丽的颜色，等等，为接下来的发散性设计奠定了良好的基础。教师利用多媒体还可以遵循人体感知规律，优化学生的感知方式，使视觉形象更集中、更鲜明，从而更清晰、有效地诱发学生联想，使其拓展思维，激发灵感，表现美、创造美。

四、利用多媒体，突破难点，加强理解

多媒体最大的优势在于其能把静止的变成动态的，把抽象的变成具体的，把生疏的变成熟悉的，可以把难以用语言文字表达的知识、现象，借助视觉、听觉材料展现在学生面前，可以把学生不容易理解的概念、规律直观形象地展

示出来，让学生知其然且知其所以然，提升学生的理解水平。例如，在《珍爱国宝——古代的青铜艺术》一课的教学中，教师应从器皿的造型特点、纹饰、文字等方面引领学生探究、发现其特点，但是对青铜艺术的深入理解必须置于历史背景中。因此，在教学中，笔者通过多媒体视频展示青铜艺术的发展演变历程，再结合时代背景深入探究长信宫灯和铜奔马等青铜器的艺术特点、艺术价值。这样，难点得以突破，学生的理解和感悟得以有效提升，学生更易于掌握所学事物的由来和特点，课堂学习收获颇丰。

此外，当学生在课堂上遇到了难点、百思不得其解时，教师及时有效地使用多媒体可以帮助学生增强知觉体验，转变思维方向，拓展思维的广度和深度，有效突破难点。例如，在教授《流动的颜色》一课时，教师利用红、黄、蓝三种色彩两两混合的动画，向学生展示了原色两两调和产生另外三种间色，原色分量的多少会直接影响产生的间色色相。动画直观而清晰，学生易于发现、理解，在掌握原色调和的原理和效果之后，开展实践就更加从容了。

教师还可以利用多媒体创设情境，变抽象模糊的知识为生动清晰的表象，从而解决课程重难点。比如，一些命题画、记忆画，凭记忆画出不在眼前的事物的具体形象，这对小学生来说难以把握。教师借助多媒体技术变静为动，变抽象为生动形象，可以让学生明确感知。例如，《家乡的桥和塔》一课虽然要求学生表现身边常见的景物，但因部分学生平日里疏于观察，回忆画难度不小。此时，笔者运用多媒体演示家乡五年前与五年后桥的变化，化模糊为清晰，让学生直观、形象地了解了各种各样的桥和塔，在学习如何表现桥和塔的同时，切实感受到社会的进步、人民生活水平的提高，激发其爱国爱乡的思想感情。在小学美术课堂上有效使用多媒体意义重大。多媒体让学生学习轻松、效率高，是教师指导教学的重要手段。

五、结束语

综上所述，随着信息技术的发展，多媒体的应用日益广泛，在美术教学实践中引进多媒体参与教学显得尤为重要。多媒体集形、色、光、动、静、声于一体，具有生动、形象、直观、全面的特点，能突破时间、空间的限制，通过直观、形象的手段刺激学生的多种感官，从而使学生对事物的认识与感知向更高层次发展，有效提高学生的课堂专注度与参与度。教师巧妙地运用多媒体中的丰富资源，还能使其起到催化剂的作用，优化美术课堂教学，有效提高课堂效率。

第四章

智慧成果

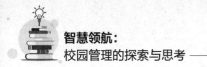

第一节　教学改革成果

科学引领　减负提质　健康护航

学校秉承"为学校的可持续发展创造条件，为教师的专业发展搭建平台，为学生的终身发展奠定基础"的办学理念。为进一步规范学校教育教学管理，全面提高教育教学质量，扭转学校作业数量过多、质量不高、功能异化等突出问题，落实立德树人根本任务，优化作业管理和设计路径，从而促进教育教学实现高质量发展。在"双减"背景下实施"1234"工作法中，从发挥"一个主导"作用，确保有效落实；打造"智慧+高效"两个课堂，实现课堂增效；做好"三个减法"，提升作业质量；落实"四个加法"，提高"两个有效"，来实现减负提质工程！

一、发挥"一个主导"作用，确保有效落实

为了能够让"双减"落实到位，充分发挥学校主导作用，成立了以支部书记、校长为组长，教务、政教、总务、年级组、家委会负责人为成员的减负领导小组。把学生健康学习生活作为教育教学中心工作，制定完善了相关制度，签订了"双减"工作承诺书、建立了部门联动机制和领导包干责任制度。构建了以学校为主导、处室协调、家委会配合、任课教师实施的"四位一体"的责任体系，以及学校、学生、家长参与"三位一体"的监督体系。只有责任落实到位，才能实现有效课堂、有效作业。

二、打造"智慧+高效"两个课堂，实现课堂增效

以信息化2.0提升行动30个微能力为依托，打造三级分层联动教学模式的智慧课堂和"互联网+教育"的背景下"635"模式的高效课堂。

（一）建立了三级分层联动教学模式的智慧课堂

1. 专递课堂

学校与盐池县高沙窝中心小学、盐池县青山中心小学通过在线智慧教室远程开展专递课堂活动。为保证专递课堂质量，学校遴选选赵咏梅等30多名学科优秀教师承担语文、数学、英语、美术、音乐等专递课教学任务。

2. 名师课堂

为提升信息技术应用能力，特聘请全球醍摩豆智慧教育研究院（中国区）秘书长、名校长刘彬副教授，西夏区教研员刘桂兰，区级骨干教师校长刘赞丹，广西柳州市箭盘山小学教学研究处主任蒙俊敏等区内外专家进校送教指导30个微能力应用，提升教师信息技术应用能力。

3. 名校网络课堂

学校还先后同成都紫藤小学、芳草小学、浙江宁波惠贞书院，陕西杨凌高新小学，银川金凤二小、四小、五小，吴忠朝阳小学等区内外10余所学校开展远程智慧教学教研活动。这样就建立起了三级分层联动教学模式，能够让优质资源共享，缓解了薄弱学校资源供需不平衡的矛盾，利用远程课堂形成智慧共享。

（二）构建了"互联网+教育"背景下"635"教学模式的高效课堂

"635"课堂教学模式："6"表示教学环节，即新课导入、自主学习、展示汇报、教师点拨、课堂检测、总结评价；"3"表示课前预学、课中促学及课后拓学三个融通的学习阶段；"5"表示自主、合作、探究、智慧、创新五个学习特征。

为了实现课堂的增效，我们发扬集体的智慧。制定了集体备课制度，确定备课组长和备课教师职责。通过各学科备课组成员集体研讨最后形成导学案。根据各班学情的不同，任课教师再进行二次备课。

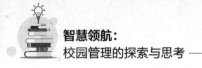

如何提升课堂有效乃至高效，课前预习是关键。"互联网+教育"背景下的"635"课堂教学模式的课前预习做到常态化（通过6个问题，5个步骤查、划、写、练、思落实课前预习）。

通过建立小组合作学习评价考核方案，利用教学助手积分榜奖励优秀小组。培养学生树立团队精神、合作意识，在自主、合作、探究、智慧思考、创新中得到发展、提升学生课堂学习效率。

在"互联网+教育"的背景下"635"课堂教学模式向教学个性化转变，树立特色意识；由研究"教师教什么"和"怎么教"向研究"学生学什么"和"怎样学"转变，树立角色转换意识，把课堂还给学生。

在实际教学中，我们把"智慧课堂"和"高效课堂"结合在一起，形成"智慧+高效"型课堂。通过入职教师达标课（严把新教师入职关）、学科教师优质课（培养各学科的优秀教师）、骨干教师示范课（充分发挥骨干教师的引领作用）、教学名师精品课（学习名师课堂、提升教师业务能力），来提升课堂质量，让每一节课都能够有效且高效，保证教学质量增效。

通过两个课堂，做好教师教学过程、学生学习的过程性数据和全要素数据采集，基于数据分析、教师能力系数等。发挥信息技术导向、鉴定、诊断作用，不断提升教师业务能力。

三、做好"三个减法"，提升作业质量

学校严格履行作业管理主体责任，完善作业管理办法，健全作业管理机制，建立作业校内公示制度，加强学科组、年级组、备课组作业统筹，合理调控作业结构，确保难度不超课标。严控书面作业总量，提高作业设计质量，加强作业批改管理，科学利用课后服务时间。

（一）减量提质

按照"减少数量，提高质量"的思路，通过健全作业管理制度、集体备作业、完善作业管理办法、合理调控作业结构、建立作业校内公示制度，防止学生书面作业总量过多。

通过各备课组成员集体研究、讨论最后形成各年级作业设计。作业以基础性和典型性结合、能力提升与指导性结合、拓展练习与自主性结合，学生可以根据自己实际情况完成不同内容和数量的作业，满足不同层次学生学习需求，做到真正的减量提质。

任课教师每天布置的作业要提前报备给备课组长，备课组长核查后签字公示在各办公室的公示栏内（一式两份：公示一份、备查一份）。每周一教务处组织包年级领导对上一周的作业进一步审查。确保每一位任课教师实现作业分层、弹性和个性化，杜绝机械性、重复性、无效性、惩罚性作业！（每周一在审查作业的同时，询问学生睡眠时间、是否有学生带手机入校、阅读不健康读物等）。

（二）减时提效

按照《中小学减负三十条》的规定，学校一、二年级不布置家庭作业，三至六年级语数英作业不超过60分钟，其他科目不得布置家庭作业。通过周二、周四课后服务解惑答疑，实现周二、周四无作业日。

学生周末可以读书看报、谈家常、做家务、讲生活，拥有对各科老师布置的作业提出"做或不做"的权利，同时，鼓励家长和教师、学校携手，共同参与到学生的生活体验、科技创新等课外活动，培养学生发现问题和解决问题的能力，引导学生快乐学习、发展个性、健康成长。

（三）减家长负担

通过强化教师职责，指导学生在校内基本完成书面作业，并及时做好反馈、加强面批讲解、做好答疑辅导，严禁给家长布置或变相布置作业，严禁要求家长检查、批改作业，不给家长增加额外负担。

四、落实"四个加法"，为"两个有效"保驾护航

为提升学生素养。按照以"立德为首，立品为主，立人为本"为办学宗旨。落实"四个加法"，即增加阅读、增加兴趣、增加运动、增加评价。

（一）增加阅读

学校通过坚持"日有三诵"，晨诵、午读、暮吟每次十分钟的经典诵读，

使学生能够受到中华优秀传统文化的熏陶；每周一全校利用课后服务时间开展课外阅读，并设立了阅读"采蜜单"，将学生阅读情况记录在册，作为学生综合素养评价指标之一。

（二）增加兴趣

利用课后服务周三、周五以社团形式开展了24个特色项目，体育类有足球、篮球、乒乓球、冰壶、轮滑、武术等，艺术类有象棋、鼓号、舞蹈、合唱、古筝、二胡、葫芦丝、书法、绘画、素描、国画、电脑绘画、口才、智慧钢琴等，科普类有人工智能、机器人、航模、编程等特色课程。让学生充分张扬个性，实现全面发展，得到社会和家长的一致好评。

（三）增加运动

每日40分钟阳光大课间（足球操、篮球操、武术操、跑步、跳绳等）、定期举行春季运动会，增强学生体质。增加实践，通过劳动教育实践基地、小手拉大手等实践活动满足学生个性化学习需要，促进学生身心健康发展。

（四）增加评价

将身心健康作为评价教育质量的第一标准，涵盖学生身体和体能、道德认知与行为习惯、学业成就、个性特长4个方面，内容包括学生的学业水平、学习动力、学业负担、身心健康等指标，并与班级教师绩效考核和评优挂钩，形成素质教育导向，促进学生全面发展。

今后学校将依托"互联网+"建立五小《课堂资源库》《作业资源库》，采集学生每日作业学情，建立错题集，学生学情大数据、为学生提供精准服务实现智慧共享、利用"互联网+"提升课堂效率，优化作业管理，提高教师信息技术应用能力。

耕耘收获，能感受秋日包含"秋收满仓尽黄金"的希望；

年年丰收，能看到秋日本身"稻花乡里说丰年"的期盼；

人间美好，愿我们都能永葆"暑月乘凉早起宜"的动力；

在今后的工作中，我将继续带领我的团队"不忘育人初心、牢记教育使命、履职尽责、砥砺前行"，为盐池的教育事业奉献自己的力量！

以信息技术促进学生个性化学习

在当今信息化时代，信息技术正以前所未有的速度改变着教育领域。探讨如何利用信息技术的力量，打破传统教育的束缚，促进学生个性化学习，让每位学生都能在知识的海洋中自由翱翔，绽放属于自己的光彩。

一、发展中曾遇到的困难与问题

这是盐池县第五小学开办之初的真实一幕：

"凭什么要我家的娃娃到五小去读书？别人家的娃娃为什么不去？你们不是讲'就近入学'吗？……"在这位对义务教育政策看起来很熟悉的家长带动下，众多家长趁机起哄，场面一度很混乱，也使得县教育局领导很被动。原来，这是2010年8月盐池县教育局为了缓解城镇学校"大班额"而把一小、二小、三小等优质学校的学生与部分属于"刺头"的教师被强制性"分流"到刚刚新建的五小后，一些家长聚集到县教育局来"找说法"的场景。

盐池五小开办最初的这一场景说明了这所新建学校面对的问题与困难，具体如下。

第一，公众对学校不认可。在"马太效应"下，我国各地都普遍存在着优质学校"生满为患"而薄弱学校"门可罗雀"现象，致使"择校"问题愈演愈烈。盐池五小作为一所新办学校，把已得到公众认可的一小等校原有学生"分流"到新学校，自然难以服众。

第二，教师队伍专业化水准较低。从其他学校调入五小的教师多少都是原学校存在不太受欢迎的教师，再加之补充的教师都是刚招聘的"特岗教师"，教师队伍面临着经验不足、专业化水准不高等问题。

第三，学生多为进城务工人员子女。由于学校新建而缺乏明确学区划定，五小学生绝大部分都是进城务工人员子女，且相当数量的学生都由爷爷奶奶"陪读"，家校共育面临很大困难……自然，除以上主要问题外，其他新办学校有的困难与问题盐池五小也全有。

根据建设标准虽高但生源差、教师队伍年轻与经验不足、社会认可度不高等问题，学校决定以教育信息化推动学校发展，并于2012年成为教育部"信息技术促进学生个性化学习探索"试点项目学校。

二、"课前预习五步模式"的构建与实施

在"信息技术促进学生个性化学习探索"试点项目带动下，盐池五小积极探索学生在信息环境下的个性化学习模式建构，其中"课前预习五步模式"在促进学生个性化学习、自主学习、交流学习中发挥了积极作用，并带来了学校教育教学质量的快速提升。

（一）各课程统一的"课前预习五步模式"

盐池五小在"信息技术促进学生个性化学习探索"中形成了"课前预习五步模式"。即：第一步，"查"（查找工具，借助信息环境来读）；第二步，"划"（划着重点来阅读）；第三步，"写"（写出感想来重读）；第四步，"练"（围绕习题来练习）；第五步，"思"（带着问题去思考）。构建了"课前预习五步模式"。

"课前预习五步模式"的具体程序与实际做法是："课前预习内容+学习资源包+练习园地统一检测"。

具体来讲就是：充分利用现代信息技术，学生在课前预习中可接收到教师所发送的相关课程的预习任务和要求，接着要查看任务中包含的学习和参考信息资源，然后再根据任务类型的不同、学生个性发展的需要，以个人或小组形式来完成相应任务；随后再由每组组长反馈学习情况并与小组成员在线讨论，同时教师也在线给予指导。这一模式受到家长的普遍认可，也在盐池县域内得以推广应用。

（二）语文课程的"课前预习五步模式"

"课前预习五步模式"在语文课程中的具体实施程序与要求如下（图4-1-1）。

图4-1-1

第一步，查

查找工具，借助网络平台，如纳米盒、悠悠课堂等资源包中去读，要求：

1.先出声朗读课文，至少3遍。

2.在阅读中如遇到不认识的字、不理解的词要标画出来。

3.利用字典或借助网络资源查出不认识的字、不理解的词。

4.借助信息环境查阅文章作者情况：姓名、其他作品、时代背景等（批注到题目右下角）。

5.学生读完3遍后，把课文字音读准、句子读流畅。

第二步，画

画出着重难点词句来读，可借助纳米盒读，要求：

1.认真读1遍课文，做到有感情的朗读（包括在课本上记的字词）。

2.分析课文题目，你知道了什么？

3.边读边划出有体会的字、词、句、段并在旁边写出自己的理解和感悟。

4.再读课文，包括课文内容和自己对教材、教师用书的批注。

5.思考课文主要意思，并用简洁的语言概括。

6.课文分几部分，并概括大意。

7.课文用了什么写作手法？

8.借助教辅资料与信息环境查询促进对课文的理解，补充本课知识。

第三步，写

带着感想读，借助纳米盒读，要求：

学生认真读课文，把课文中优美的句、段背诵或摘抄下来（优美的句、段要求学生先熟读，再有感情地去读，最后背诵）以备大组长检查。

第四步，练

做着习题读，通过QQ群、微信交流，要求：

1.学生再次认真读课文，再做练习。

2.课本的课后题（不要求写的，也至少要求学生说一说，做到语言流畅、简洁；需要写的在课后空白处写一写）。

3.课外练习（主要有"学习之友""练习园地"等）。

第五步，思

带着问题读，通过QQ群、微信探讨，要求：

在前面基础上，再读课文，要求学生思考以下两方面问题：

1.本节课你学会了什么知识？

2.你还有不明白的问题吗？在课文中写出来与同学交流。

（三）"课前预习五步模式"的推广与实施

自然，"课前预习五步模式"在不同课程中有着不同的要求与不同的方式，但相通的是这一模式都要借助信息技术来完成，并以信息技术来解决进城务工人员子女的家校共育问题。实践证明，这一模式可提高学生预习的积极性，也为解决建校初存在的问题找了一条解决之道，并为学校快速发展提供了强有力的保障。同时在这一模式形成推广后，教师不再是知识的权威与代言人，学生可通过对不同学习资源的接触和理解，有自己独立的更为广阔的思维空间，并可随时随地得到老师的指导和帮助，也能随时随地与4人合作学小组成员交流对话。

三、"课前预习五步模式"的成效与启迪

这是2017年9月初盐池五小校门口发生的真实一幕：

"凭什么不要我家的孩子到五小来读书？别人家的娃娃为什么能读？我家的孩子为什么就不能读呢？你们不是讲'就近入学'吗？让校长来给我解释清楚"……原来，这是2017年在一位显然熟悉义务教育政策家长的鼓动与带动下，众多家长趁机起哄，要求自己的孩子到五小就读的场景。

为什么会出现与学校开办之初截然不同的场景呢？这主要是源于学校以教育信息化来促进学校发展所带来的。对这所新建学校在教育信息化助推下所发生的"奇迹"，2015年4月29日《中国教师报》以《红色老区的绿色革命》为题，2015年12月9日《中国教育报》以《沙漠中的教育绿洲》为题进行了专题报道，《宁夏教育》在2015年7—8期中对这一预习模式予以总结推广。

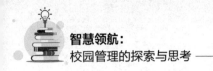

在"信息技术促进学生个性化学习探索"试点项目中探索总结出的"课前预习模式"带动下，盐池五小实现了以信息技术助推学生个性化学习试点目标，其主要五步收效体现在以下几方面。

一是实现了学习资源个性化。学校一批风华正茂的青年教师，为解决学生个体差异和促进学生课前预习，经过反复实践探索，逐步摸索、开发出从纸质资源（课本）到信息化资源，从单一到多样性（四人合作学习小组、信息资源平台、微课等）、互动性、再生性、共享性（QQ群交流平台）学习资源包（纳米盒、悠悠课堂、电子查询机等）、QQ群应用、教育云等学习资源。

二是实现了学习环境的个性化。学校经过了从传统（黑板+粉笔）到数字化教室（鸿合电子白板、63英寸一体机等）、再到智慧教室（移动终端、三通两平台服务、电子查询机等），学生学习环境也呈现出了以学生为中心的教育理念。

三是实现了学生活动的个性化。在信息技术保障下，盐池五小学生能掌握学习进度，并能基于自己的兴趣、愿望和问题驱动学习，可对自己的学习进行自我管理、自我量化和自我监控。

四是促进了教师教学行为转变。教师由过去的以知识讲解为主的主导行为变为对学生的实际学习起点拨、指导和引领，并使专业能力得到较快提升。在2016年"一师一优课"活动中，学校荣获部优课2节、区优课5节、市优课5节的优异成绩。

五是提升了学校吸引力。经过几年努力与不懈探究，盐池五小教学成绩名列前茅，成为全县入学压力最大学校，众多家长与学生都以到五小就读为荣。

"信息技术促进学生个性化学习探索"试点项目带给学校的启迪有：第一，教育教学改革发展要顺应时代潮流，加快教育信息化应用步伐，才能发展提高。第二，教育信息化运用要构建具有科学性、可操作性的学习模式，才能为学生发展服务。第三，要以教师的专业发展为基点，才能全面提高教育信息化运用水平。

四、专家点评

宁夏盐池县第五小学利用信息技术促进了学生个性化学习，开辟了偏远地区传统教与学的先河，通过反复实践与总结，探索出了信息环境下的个性化学习模式（即"课前预习五步模式"），在学生个性化学习、自主学习、交流学习中发挥了积极作用，解决了家校共育中存在的实际困难。

学校探索出的信息技术促进学生个性化学习，为学生搭建了信息化环境下的学习平台，打破了传统教与学、时间与空间的限制，激发了学生求知欲，增强了家长与孩子沟通与协作的能力，真正在课堂上实现了师生互动、生生互动、人机互动的愿望，提高了师生信息技术应用能力与水平。

基于信息技术的课前五步预习模式的实施，需要良好的信息化环境和优质师资做支撑，建议该模式在西部地区的中小学校积极推广，以辐射、带动更多西部地区学校解决家校共育存在的困难。

信息化环境下教学质量提升的策略研究

进入教育信息化2.0时代，信息技术与学科教学深度融合，对教师而言是形势，也是考验。那么，作为教师就要积极探索在信息化环境下如何更好地教实现教学目标。教师要充分发挥信息技术的优势，通过创设课堂教学情境、合理运用混合式教学模式、丰富学生学习方式、充分发挥学生主体作用等策略提升教学质量。

一、运用信息技术创设教学情境，营造良好的学习氛围

在信息化教学环境下，教师要着重应用信息技术进行教学情境的创设。

运用信息技术创设课堂教学情境不仅能够使课堂教学变得更加直观、生动、省时、便捷、高效，还能激发学生的学习兴趣，促使学生积极参与到学习过程中，提高学生参与教学活动的主动性，同时还能够加深学生对知识的印象，促使学生高效学习。

例如，在教学三年级道德与法治《请到我的家乡来》一课，教师利用信息技术创设教学情境，学生兴趣浓厚，教学效果较好。课前，教师利用课件出示"社会主义核心价值观"内容，学生伴随着一首《我爱你，中国》歌曲，一边回顾"社会主义核心价值观"的内容，一边走进教学，教师再播放2021年元宵节的新闻"宁夏盐池花灯"剪辑视频，学生的注意力一下子被吸引了，引入主题《请到我的家乡来》。

课中，教师充分运用《中国行政区划图》，让学生找家乡及家乡的邻省，播放视频《神奇宁夏》，学生欣赏后仔细盘点家乡美景，教师利用希沃助手开展课堂教学活动帮助学生巩固记忆知识点，激发学生的学习兴趣。课后，教师鼓励学生做一名家乡的小导游，引导学生在网上搜集各种图片、视频、文字等，为学生的学习做好支持。再以视频《锦绣中华》收尾，带领学生一起在网络上欣赏祖国的壮丽山河，感受祖国大好河山的美丽，从爱家乡到爱祖国的情怀自然沁入孩子的心间。

二、信息化环境下开展混合式教学，实现教学最优化

中小学教师信息技术能力提升工程2.0发展评价体系，把信息技术应用环境分为多媒体教学环境、混合教学环境、智慧学习环境，在这三个环境中混合教学环境是目前广大教师最为广泛使用的一种教学模式。

混合式教学是传统学习方式和"专递课堂""名师课堂""名校网络课堂"相结合的一种教学模式，在教学过程中既能发挥教师线上线下的教学引导、点拨、评价教学过程的主导作用，又充分体现了学生在学习过程中的主体地位。信息技术与教学实践相结合，构建信息化环境下优质资源共享新生态，可以实现城乡优质教育均衡一体化发展。盐池县第五小学充分利用"三个课

堂"开启混合式教学模式。

首先，通过在线课堂（专递课堂）解决区域教研共同体学校（农村高沙窝小学、青山小学）结构性学科短缺的问题。

其次，通过名师工作室（名师课堂）线上集体备课、教学和线下送课研讨交流等活动带动农村学校新教师、青年教师教学能力提升，实现城乡教育一体化。

最后，学校和成都紫藤小学、芳草小学，浙江宁波惠贞书院，陕西杨凌高新小学，银川市金凤区第四小学等学校（名校网络课堂）开展网络共备、共教、共研等教学活动，将名校优质资源传送到乡村学校，最终达到城乡教育最优化。

三、丰富学习方式，增强学生的学习效果

教育改革最终发生在课堂上，只有合适的学习方式，才会有高效的课堂。教育信息化促使学生的学习方式变得多样化。学生是课堂教学的主体，任何教学活动的开展都应建立在学生的基础上，教师应注重在课堂教学过程中激发学生的主观能动性。

信息化环境下学生的学习方式发生转变，对于促进学生自主学习、合作学习、探究学习有着重要的积极作用。例如，学校"互联网+教育"背景下的"635"课堂教学模式，"6"表示教学环节，即新课导入、自主学习、展示汇报、教师点拨、课堂检测、总结评价；"3"表示课前、课中及课后三个融通的学习阶段；"5"表示自主、合作、探究、互动、智慧五个学习特征。这种教学模式主要倡导学生要坚持自主学习。

首先，教师给学生提供导学单，学生需要明确学习任务、形式、时间等，并围绕学习任务开展个性化自主学习，并在预定的时间内记录出学习过程中遇到的疑难点，教师巡回、梳理、指导、点拨，进行有效组织和适时调控。

其次，学生将自己遇到的疑难点进行归纳，并积极开展小组合作学习，教师有针对性地参与小组研讨交流活动，广泛收集学生存在的共性问题并对学生

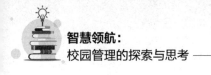
进行点拨、追问。

最后，教师组织学生开展自评、互评，让学生畅谈学习收获，接下来教师再对学生进行全面科学合理的评价并总结提升。在这个过程中，教师要鼓励学生充分利用信息技术进行自主学习、组织开展合作学习，培养学生提出问题、分析问题和解决问题的能力，发挥学生的兴趣特长，从而提高学生的学习质量。

四、注重课前预习，培养学生良好的学习习惯

信息化环境下的学习方法不同于以往传统的学习方法。在以往的课堂教学过程中，由于过去存在着信息封闭、传播途径单一的特点，学生大多数只能依靠教师传授相关知识，学生的学习方式和接受知识的途径容易受到限制。如今随着信息技术的发展，知识的传播途径、传播方式极为丰富，信息具备较强的开放性，知识范围也非常广泛，这种情况意味着学生不仅可以通过课堂获取知识，也可以通过其他途径获取知识。

教学时，教师可以根据教学内容以及教学目标为学生设计探索性的课前预习任务，提高学生课堂学习效率。比如，学校采取的"课前五步预习模式"能够较好地提高学生的学习效率。五步是指，在信息化环境支持下进行查、划、写、练、画课前预习。"查"可以在网络环境下选择查阅工具来满足学生课前预习的需求；"划"是在进行规划重点预习内容时，让学生进行课前自主学习；"写"主要要求学生在预习的过程中可以借助网络实现重点内容记录，并将自身预习的体会及收获在书上旁批，以便在课堂上与教师进行探讨；"练"和"画"主要是让学生在预习时借助APP、云校家等实现对问题的解答，并保证学生能够在课前预习达到预习的效果。课前预习是学生学习的重要环节，也是激发学生思维的有效途径，所以，对于学生的全面发展而言，将课前预习落实到位，也是提高学生自身发展的必要途径。

五、充分发挥学生的主体作用，提升教学质量

在信息技术辅助课堂教学的过程中，不能颠倒教与学的"主导"和"主体"关系。从新时代教师运用信息技术教学的情况来看，信息化教学主要是以学生的"学"为中心。在新课程理念下，学生是主体，教师是主导，教师无论采用什么样的教学手段，这一点是永恒不变的。信息技术作为教学手段，为教学注入了活力，经常困扰教师的某些教学难点迎刃而解，在教学中确实可以提高一定的教学效果，但不能忽略学生的主体地位，决不能由过去的"人灌"变为现在的"机灌"。

如果信息技术的运用代替了学生的主动思考，一堂课下来看似热闹，学生的实际收获却并不多，这正是课堂教学的大忌。作为教师首先应把握住自己在教学中的主导地位，通过对教学过程的设计和灵活多变的操作，使信息技术发挥最佳教学功能，同时要从人与信息技术、教学内容与信息技术的关系入手，探讨信息技术在教学应用中的基本教学规律和要求，使信息技术在教师的驾驭下有的放矢地发挥作用。只有这样才能实现以学生为主体的课堂教学，在课堂上彰显教与学的"主导"和"主体"关系，在教学质量上会大幅度提升。

信息化环境下课堂教学为教育增添活力，为学生能够创造出一个更好的学习空间以及发展空间，教师应注重针对信息化环境下教学质量提升的实践策略进行分析探究，进而充分发挥出信息化环境下课堂教学的作用价值。

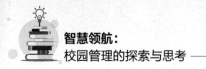
第二节　特色成果

五育融合谋新篇　全面发展创特色
——"五育融合"典型案例荣获自治区一等奖

在新时代的浪潮中，我们秉持"五育融合谋新篇，全面发展创特色"的理念，致力于培养德智体美劳全面发展的社会主义建设者和接班人。让我们携手共进，为孩子们的未来铺设一条五彩斑斓的成长之路。

一、理论依据

为进一步贯彻党的教育方针，落实全国教育大会和《国家中长期教育改革发展规划纲要（2010—2020年）》关于"构建德智体美劳全面培养的教育体系"的要求，《中共中央　国务院关于深化教育教学改革全面提高义务教育质量的意见》。贯彻执行大力推进"五育并举"。让每一位学生学习掌握2—3项运动技能特长，使学生"德智体美劳"全面发展，推进体育和教育深度融合，为学生的终身发展奠定良好基础。

二、具体做法

落实立德树人根本任务，坚持党建引领，德育为先、智育为重、体育为基、美育为要、劳动为本的五育融合工作模式，以弘扬中华文化为抓手，整合育人资源，拓宽育人途径，丰富育人载体，挖掘育人内涵，"五育融合"促进学生全面发展，构建具有盐池五小特色的德智体美劳全面育人体系，科学推进学校教育教学高质量发展。

（一）德育为先，着力落实根本任务要智慧化

1. 围绕"4+N+1"服务平台，渗透德育教育

学校强化党建引领，围绕"思政课程"第一课堂，不断活跃以育人活动为载体的第二课堂。建设"统一、融合、智慧"一体化育人平台，聚焦核心素养，依托智慧课程。组织开展教学教研活动，"5+2"课后服务活动、社团活动、劳动教育、综合实践活动等，通过智慧课程培养学生的创新精神和实践能力，培养德智体美劳全面发展的新时代好少年。

"课程体系"建构赋能课堂教学转型，提炼全面育人"四纵五横"课程体系，四纵即上好国家课程、特色课程、扩展课程、综合课程，五横即"德、智、体、美、劳"五个方面，发挥好学校育人功能。学校以学科组、教研组为依托，组建课程项目小组，本着团队合作研发和个人研发相结合、校内资源与校外资源相结合、线上和线下相结合、国家课程与校本课程资源相结合的原则。结合，即国家课程、特色课程、扩展课程、综合课程四类课程，围绕学科核心素养构建了道德与品质（德育）、语言与科技（智育）、体育与健康（体育）、艺术与审美（美育）、劳动与实践（劳动）五大课程领域的课程。培养全面发展的新时代好少年，筑牢思政课教育，将习近平新时代中国特色社会主义思想转化在实实在在的行动当中。"一"是落实一个根本任务"立德树人"。

2. 结合阵地建设，培养学生德育素养

学校建设思想政治教育基地，新时代文明实践基地，铸牢中华民族共同体意识教育基地，盐池少年军校，盐池将军希望小学，通过这些阵地培养了一批批红领巾小小讲解员，教育孩子"扣好人生第一粒扣子"。通过周一升旗仪式、周三班队会、周五青少年文明实践等活动，加强学生德育教育。从周一到周五每天学生进班后，利用5分钟时间师生同唱一首歌，星期一唱《中华人民共和国国歌》，星期二唱《中国少年先锋队队歌》，星期三唱校歌《我梦想开始的地方》，星期四唱《我和我的祖国》，星期五唱《没有共产党就没有新中国》，人人唱、周周唱，周而复始。每节课前师生共同背诵社会主义核心价值观，上下学学生诵读中华经典诗文，使校园充满读书声、唱歌声和欢笑声。

2022年12月，学校撰写《立德树人培根铸魂潜心育人》——教师思想政治教育典型案例（1231工作法），被教育部评为首届师德师风建设年典型案例，校长在全国首届师德师风年会上作交流发言。

（二）智育为重，探索学生学习方式要个性化

始终坚持以全面提高教育教学质量为目标，坚持"体教融合"强化创新能力的培养，坚持"体质保量"扎实推进教育教学工作。以信息技术应用能力提升工程2.0工程30个微能力为依托，打造三级分层联动教学模式的智慧课堂和"互联网+教育"的背景下"635"模式的高效课堂推动智育发展。

1. 构建"四纵五横"的课程体系，加强体教融合

"课程体系"是指建构赋能课堂教学转型，提炼全面育人"四纵五横"课程体系，四纵即上好国家课程、特色课程、扩展课程、综合课程，五横即"德育、智育、体育、美育、劳动"五个方面。围绕学科核心素养构建了道德与品质、语言与科技、体育与健康、艺术与审美、劳动与实践五大课程领域的课程体系。培养全面发展的新时代好少年，筑牢思政课教育，将习近平新时代中国特色社会主义思想转化到实实在在的行动当中。

2. 驱动三级分层联动课堂，提高教学质量

（1）专递课堂：学校与盐池县高沙窝中心小学、盐池县青山中心小学通过在线智慧教室远程开展专递课堂活动。为保证专递课堂质量，学校遴选赵咏梅等30多名学科优秀教师承担语文、数学、英语、美术、音乐等专递课教学任务。

（2）名师课堂：为提升信息技术应用能力，特聘请全球醍摩豆智慧教育研究院（中国区）秘书长、名校长刘彬副教授，西夏区教研员刘桂兰，区级骨干教师校长刘赞丹，广西柳州市箭盘山小学教学研究处主任蒙俊敏等区内外专家进校送教指导30个微能力应用，提升教师信息技术应用能力。

（3）名校网络课堂：学校还先后同成都紫藤小学、芳草小学、浙江宁波惠贞书院，陕西杨凌高新小学，银川金凤二小、四小、五小，吴忠朝阳小学等区内外10余所学校开展远程智慧教学教研活动。这样就建立起了三级分层联动教学模式，能够让优质资源共享，缓解了薄弱学校资源供需不平衡的矛盾，利用远程课堂形成智慧共享。

在"互联网+教育"的背景下"635"课堂教学模式向教学个性化转变，树立特色意识；由研究"教师教什么"和"怎么教"向研究"学生学什么"和"怎样学"转变，树立角色转换意识，把课堂还给学生，保证教学质量增效。

近年来，在一师一优课、基础教育精品课等评选中，学校教师荣获教育部优课10余节，区级优课30余节，市级优课50余节，县级优课100余节，撰写信息化案例《以信息技术促进学生个性化学习》和信息技术应用能力提升工程2.0案例《创新635教学模式助力三个堂课深度应用促进区域教研共同体高质量发展》案例被教育部评为优秀案例，取得优异成果。

（三）体育为基，培养学生体育特长要专业化

体育为基，强体固本。学校始终注重体育建设，完善体育教学模式，加强体育传统项目和特色项目建设，帮助学生在体育锻炼中增强体质、健全人格、锤炼意志，促进学生身心健康发展，进一步提高教学质量。面向每一位学生的发展，创造充满智慧的体育教育，促进学校体育工作再上新台阶。

1. 特色引领，健康成长

学校是2018年全国青少年校园篮球特色学校，2019年全国青少年校园足球特色学校，又是自治区足球、武术特色示范校，2022年被评为自治区体育（足球、武术）传统特色学校。学校严格执行课程计划，为强化规范管理，提升教育质量。根据自治区《关于进一步加强中小学管理规范办学行为的实施意见》和《盐池县推进义务教育优质均衡发展工作实施方案》的通知精神，严格按照规定开足开齐课程，开足课时，保证学生在校锻炼时间，其中一、二年级每周4节体育课，3—6年级每周3节体育课。在体育课上，体育教师按照年级、学生年龄特点等上好每节体育课，培养了学生体育爱好、运动能力、健康行为、体育

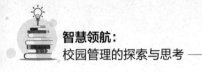

品德及健康生活。利用"5+2"课后服务时间，丰富学生体育活动，培养了兴趣爱好，开设了足球、篮球、乒乓球、冰壶、武术、跳绳、象棋、轮滑、体操等15个体育社团。

2. 课堂+社团，展示风采

让阳光洒满校园，为孩子幸福奠基；通过"两操""课外体活、大课间、特色体育社团活动、运动会"促进学校的全民健身活动的开展。全校分年级开展大课间活动，一年级开展集体花样跳绳活动、二年级开展集体花样篮球、跳绳活动，三、四年级开展篮球操、武术操活动，五、六年级开展足球操、武术操活动。从跳绳、花样篮球到篮球操、足球操、武术操、跑步大大缓解了学生课堂发困、提高了十足的精气神，在全县运动会足球、篮球、冰壶等比赛中都取得了优异的成绩。

学校最终落实发展体育运动，增强人民体质，以体荣德、以体健身、以体启智、以体育美。

（四）美育为要，发展艺术审美感知要特色化

学校实施美育提升行动，坚持以文化育人、以美育人，通过丰富学生社团活动，将艺术素养融入学生成长基因，提高学生的审美和人文素养。严格落实音乐、美术、书法等课程，广泛开展校园艺术节活动，帮助学生学会1—2项艺术技能、会唱主旋律歌曲。

1. 艺术社团，绽放风采

发展艺术兴趣特长，培养多元能力。通过开设舞蹈、合唱、书法、剪纸、陶艺、绘画、二胡、古筝、葫芦丝、口风琴、彩泥、素描等多个艺术社团，让学生可以根据自己的兴趣和爱好，进行创意实践、文化理解，自主选择社团，以发展他们的爱好和特长为主线。

2. 课堂+艺术节，精彩风尘

为深入贯彻落实党的教育方针，铸牢中华民族共同体意识，丰富师生校园文化生活。一年一度的校园文化艺术节如期开幕。提供展示舞台，通过此次艺术活动的开展，为同学们提供一个施展才华、交流学习、取长补短、团结合作、增加友谊、艺术熏陶、快乐成长的平台，同时也希望同学们以饱满的激情、精湛的艺术、优秀的组织、默契的配合尽情地快乐地施展自己的才华，发挥自己的特长、为班级争得荣誉，度过一个快乐的、欢乐的文化艺术节，留下一次美好的难忘的回忆。

丰富校园文化，让学生获得更多展示的平台，增强自信心和表现力，为他们掌握课内基础知识提供广阔的智力背景。

通过课堂教学提高教师专业成长，促进学生艺术素养。近年来，教师在"一师一优课"、精品课等比赛中获得可喜的成绩，如，方琰芸老师美术课荣获部优课2节，冯蕾老师音乐课、顾建明老师的书法课等都荣获区市县级一、二等奖，学校排练的文艺节目在区市展演荣获一、二等奖。

（五）劳动为本，培养观察思维探索要实践化

学校高度重视学生劳动教育，培养学生劳动实践能力和创新创造能力。学校被评为全国中华优秀传统文化传承学校，全区劳动教育示范校，劳动教育以课堂教学为主阵地，劳动实践基地为依托，组织名师工作室成员开展教育教学改革和教育科研工作；以课例研究为主要渠道，探究提高课堂教学有效性的科学途径和方法；以理论研讨为重要方式，提高教师教学理论水平和学生的劳动实践经验。

1. 培养兴趣爱好，丰富劳动成长足迹

构建完善的劳动教育体系，把劳动教育与德育、智育、体育、美育相融合，纳入人才培养全过程。加大对综合实践活动课程的规划和实施，设立劳动教育必修课和劳动周，每周不少于1课时的劳动教育课。实现校内劳动、家庭劳动、社会劳动日常化、多样化、清单化。健全研学旅行机制和社会实践长效机制。

结合课程及社团建设因地制宜开展综合实践创新教育活动。以小创造、小发明、小制作、劳动基地为主要内容的综合实践教育活动，合理安排教学计划，按年级开设课程：其中三、四年级开设编制、剪纸、刺绣等课；五、六年级开设趣味电路连接、趣味木工制作、摄影、厨艺等课程。每周五进行一次创

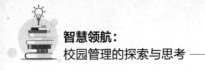
造力培养兴趣社团活动。

2. 课堂+实践，培养学生劳动情感

劳动课教学研究，通过教师示范课，充分发挥问题会诊、教学研讨、案例分析、听课评课、经验交流、反思总结等形式，提高劳动教师的整体素质和教学水平，引导教师在实践中探索和把握教育规律，探求科学的教育方法，破解教育教学难题，形成跨科学的教育过程，找到教育创新的方向，提高教学效能。

将劳动课和劳动实践融入综合实践之中，做到：在学校里善于做好校务劳动、在家里善于自觉完成家务劳动、在社会善于体验公益劳动，从而感受劳动的艰辛、享受劳动的快乐、珍惜劳动成果。发挥劳动综合育人功能，引导学生善于掌握必备的劳动技能。家庭劳动教育安排家庭服务弹性任务，在日常教育中培养学生劳动素养，抓好学生自理能力培养和劳动实践。学校劳动教育通过课堂传授劳动知识，组织学生参加校园劳动，建立劳动基地，培养劳动技能，养成劳动习惯。社会劳动实践重点落实学生研学旅行、社会实践劳动和社区志愿服务，增强学生劳动意识。通过综合实践劳动，树立学生正确的劳动观点，掌握劳动知识和技能，培塑学生热爱劳动和劳动人民的情感，培养吃苦耐劳的精神、形成勤俭节约的习惯、养成爱劳动的好品质。

三、实践成效

着力推进五育融合教育，践行"立德为首、立品为主、立人为本"的办学宗旨，秉承"为学校的可持续发展创造条件，为教师的专业发展搭建平台，为学生的终身发展奠定基础"的办学理念，以"诚信做人，踏实做事"为校训。创造良好的可持续发展环境，扎实开展"五育并举""思政教育""三个课堂"等活动，积极构建高效课堂，稳步提升教学质量。

1. "智慧校园"助推校园管理提档升级

以数据为核心、智慧为基础、学校数字基座为关键点，创建"4+N+1"服务模式（即围绕"管理、课程、教学、环境"四大智慧领域，覆盖智慧校园应用生态圈到教育教学N方面，落实"立德树人"一个根本任务），实现教育教学和校园管理流程优化，助力教育数字化建设。

2. "红色文化"擦亮思想政治教育底色

以红色教育为主线，围绕革命烈士纪念园、盐池少年军校、百名将军书画陈列室、石榴园、思想政治教育基地、图书馆等活动阵地，创建铸牢中华民族共同体意识示范校，创新"1231"工作法，弘扬红色文化，传承革命精神，引导学生听党话、感党恩、跟党走，厚植家国情怀，深入推进习近平新时代中国特色社会主义思想"三进"工作。

3. "课程体系"建构赋能课堂教学转型

提炼全面育人的"四纵五横"课程体系、三个课堂和"635"课堂教学模式，探索新时代"互联网+教育"转型升级的新经验"新模式"新路子。树立特色意识；由研究"教师教什么"和"怎么教"向研究"学生学什么"和"怎样学"转变，树立角色转换意识，把课堂还给学生，实现课堂增效，提升学生课堂学习效率，减轻课业负担，落实立德树人根本任务。

新时代、新起点、新征程，在今后的发展道路上，五小人将不忘教育初心，牢记育人使命，努力培养德智体美劳全面发展的社会主义建设者和接班人。

立德树人　培根铸魂　潜心育人
——全国中小学幼儿园教师思想政治教育典型案例

少年儿童是祖国的花朵，民族的希望，让每一名少年儿童都能茁壮成长，是全社会的共同心愿。为实现这一目标，盐池县第五小学用习近平新时代中国特色社会主义思想铸魂育人，采用"1231"工作法实施教师思想政治教育工

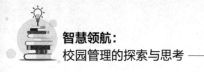

作。即：发挥党组织的政治核心作用，抓好教师和学生两支队伍，用活学校、家庭和社会三个阵地，落实立德树人根本任务。

一、发挥党组织的政治核心作用

按照"党支部领导、各处室协同"的思路，学校将教师思想政治教育工作作为一项重大政治任务，贯彻落实习近平新时代中国特色社会主义思想，按照"一校一品""一校一案"制定《盐池县第五小学关于深化习近平新时代中国特色社会主义思想"三进"工作实施方案》，不断健全和完善"六个育人"工作机制（课程育人、文化育人、活动育人、实践育人、管理育人、协同育人）。成立思想政治教育领导小组，加强组织领导，明确牵头处室，明确工作载体和抓手，各处室统筹协调，齐抓共管，以习近平新时代中国特色社会主义思想"三进"为抓手，加强教师思想政治教育。支部书记带头抓、带头讲、带头学，支部每年至少召开1次专题研究，支部书记每学期至少为师生做1次专题讲座。党员教师在课堂教学中带头渗透育人思想，在教学、德育等活动中实时体现育人目的。将教师思想政治教育工作情况纳入党建工作责任制、意识形态工作责任制考核内容，纳入监督执纪范围，纳入支部书记抓党建述职评议、办学治校、文明校园创建等重要考核评估内容。

二、抓好教师和学生两支队伍

（一）抓好教师队伍

利用"三会一课"、教职工大会、实地观摩等形式，不断加强教师的思想道德建设，因势而新，常教常新，使三进工作寓教于心。搭建"思政课程—课程思政—三全育人"三位一体平台，逐步构建起"1+X"思政教学体系，依托学校优势资源成立思想政治教研组，汇聚优秀教师团队，将习近平新时代中国特色社会主义思想融入每门学科、每节课程中，适时对学生进行思想教育，并作为听评课的一项重要内容。切实抓好习近平新时代中国特色社会主义思想课堂教学，培养担当民族复兴大任的时代新人。

定期集中学习、交流研讨，不定期地培训培养，提高教师驾驭教材能力，挖掘德育内涵，提升教师思想政治水平，激发学生爱国情怀，确保学深悟透习近平新时代中国特色社会主义思想。

（二）抓好学生队伍

学生是学习的主体，是祖国的未来、民族的希望，要把下一代教育好、培养好，从学校做起、从娃娃抓起。每周的升旗仪式开展"童心向党，党的故事我来讲"活动，截至2022年底，已经讲了26期，还依托重要节日、纪念日等，通过班队会、手抄报、征文、绘画、志愿服务、实践活动等形式，培根铸魂，擦亮人生底色，实现显性教育和隐形教育同频共振。

三、用活学校、家庭和社会三个阵地

学校成立德育领导小组，负责学校德育工作的统筹规划，发挥校园电视台、校园广播、电子屏、电子班牌等多媒体功能，党支部、教工团支部、少工委通力合作，共同形成全员、全程、全面的育人局面。利用开学第一课、升旗仪式和国旗下的讲话等，对学生进行爱国主义教育和行为习惯养成教育，使学生的心灵在庄严的环境下受到一次又一次的洗礼。宁夏盐池是革命老区，因此以红色教育为主线，2015年由原宁夏军区司令员胡世浩将军发起，并由原北京军区司令员李来柱上将题词，建成"百名将军书画陈列室"，陈列了全国100位老将军精心创作的105幅书画作品，并把学校命名为"盐池将军希望小学"。

学校挖掘盐池红色资源，搜集了15个红色盐池故事，重点从恪守初心、长征精神、光辉历程、不忘初心、英雄初心、走进新时代六个方面打造了思想政治教育长廊。为传承老革命、老将军的精神，学校以"百名将军书画陈列室"为基地，开展"听、唱、观""读、讲、演""学、访、做"的"九字"红色实践活动，将红色教育融入各项活动中。传承和发扬革命精神，落实"双减""五项管理"和"5+2"课后服务，加强学生思想道德建设，厚植爱国主义情怀。

2022年8月盐池县第五小学依托"盐池将军希望小学"和"百名将军书画陈列室"，又创建了"盐池少年军校"，以更好地弘扬红色文化、传承革命精神、促进学生全面发展。将国防教育、红色教育融入"三全育人"体系，追寻红色足迹，坚定理想信念，为学生打牢思想基础，"扣好人生第一粒扣子"。成立校级、年级和班级家委会，通过家访、家长会、课堂开放日、发放致家长一封信等形式，了解学生在家学习、家务劳动等表现，让学生树立信心、远离危险、防止拐骗、健康成长，使家长了解学校、信任学校、监督学校。学校聘请法治副校长、卫生副校长和"小白杨工作室"人员不定期进校进行法治、安全、防疫、心理健康等讲座，增强学生的法律意识，还组织学生参加清明祭扫、文明实践、义务劳动和公益活动等，发挥社会育人功能，强化学生爱国主义情操。

四、落实立德树人根本任务

在党的二十大精神的指引下，全面贯彻党的教育方针，始终坚持社会主义办学方向，坚守教育初心，落实立德树人根本任务，必须做到学校"动起来"，教师"学起来"，学生"活起来"。学校在思想政治教育方面积极行动，不等不靠，营造和谐优美的校园环境、文化建设，从周一到周五每天学生进班后，利用5分钟时间师生同唱一首歌，星期一唱《中华人民共和国国歌》，星期二唱《中国少年先锋队队歌》，星期三唱校歌《我梦想开始的地方》，星期四唱《我和我的祖国》，星期五唱《没有共产党就没有新中国》，人人唱、周周唱，周而复始。每节课前师生共同背诵社会主义核心价值观，上下学学生诵读中华经典诗文，使校园充满读书声、唱歌声和欢笑声。

盐池县第五小学是宁夏回族自治区教育厅"五星级基层党组织"，在加大教师思想政治教育基础上，将再接再厉，植根学校特色，立足学生需求，汇集多方力量，着力推动思想政治教育"四个结合"：一是理论与实践相结合，为师生构筑起"同心圆"，把思想政治教育做到"有棱有角"；二是育德与育心相结合，为师生构筑起"承重墙"，把思想政治教育教到"有情有意"；三是课内与课外相结合，把思想政治小课堂与社会大课堂结合，为师生构筑起思想上的"立交桥"，把思想政治教育做到"有滋有味"；四是线上与线下相结合，运用好"互联网+教育"和新媒体手段，为师生构筑起思想学习的"快车道"，把思想政治教育做到"有己有人"，使师生的思想统一到习近平新时代中国特色社会主义思想上来。

只有将习近平新时代中国特色社会主义思想"三进"工作融合到教师思想政治教育和学校的各项工作中，从身边的事、身边的人出发，做好小事、管好小节，踏踏实实修好品德，真正做到立德树人、培根铸魂、潜心育人，才能为青少年"扣好人生第一粒扣子"，打下坚实的思想基础，才能看到祖国的花朵在成长的道路上越开越艳。

习近平总书记指出，老师应该有言为士则、行为世范的自觉，不断提高自身道德修养，以模范行为影响和带动学生，做学生为学、为事、为人的大先生，成为被社会尊重的楷模，成为世人效法的榜样。盐池县第五小学全体教师将继续以德立身、以德立学、以德施教、以德育德，做学生爱戴的"四有好老师"。

创新"635"课堂教学模式　赋能三个课堂深度应用

通过"专递课堂""名师课堂"和"名校网络课堂"（以下简称"三个课堂"）的应用，构建教研共同体，促进优质教育资源共享，提升教育教学质量，推动优质教育均衡发展。为此，基于信息化环境的"三个课堂"，打破人机与城乡之间的壁垒，实现资源共研共享，助力城乡师生个性化成长，建立区域内"优质校带薄弱校、优秀教师带青年教师"的新模式，助力教研共同体高质量发展。

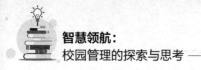

一、案例背景

盐池县第五小学（简称盐池五小）是2010年8月县委、县政府为解决进城务工人员子女"入学难"问题创建的一所全日制小学。2012年被确定为教育部第一批教育信息化试点单位，2014年被确定为盐池县构建高效课堂试点学校（经过三年的试点工作，初步形成"635"课堂教学1.0模式），2015年被确定为自治区教育厅数字化校园示范单位，2017年学校经考核被认定为教育部第一批教育信息化试点优秀单位。2018年被确定为自治区"国培计划"示范校，2019年被确定为自治区"互联网+教育"标杆校，2020年被确定为宁夏中小学教师信息技术应用能力提升工程2.0的省级示范校，2023年被确定为自治区"互联网+教育"四星级智慧校园。随着5G、"互联网+"和AI、人工智能、大数据等技术的快速发展，教育信息化已成为推动教育改革和发展的重要力量。然而，在一些地区，由于教育资源不均衡，师资力量薄弱，导致教育质量参差不齐。为了破解这一难题，"三个课堂"应运而生，旨在通过互联网技术，将优质教育资源传递到偏远地区和薄弱学校，促进教育公平和质量提升。

二、主要问题

在教育部《教育信息化2.0行动计划》《教育部关于加强"三个课堂"应用的指导意见》《教育部等五部门关于大力加强中小学线上教育教学资源建设与应用的意见》等文件精神指导下，盐池五小作为县域教育教学的领军代表，要充分发挥标杆的优势。学校具有一批年轻有为、业务精湛、信息化应用超前的教师队伍，我们紧紧围绕"互联网+教育"标杆校创建目标，全面提升教师、学生信息化应用和信息素养能力，有效促进信息技术与教育教学深度融合。创新"互联网+教育"背景下的"635"课堂教学模式，目的就是通过"三个课堂"带乡村学校，解决乡村学校"缺师少教"问题，进一步提高短缺课程开课率，重启艺术教育，打造区域内"优质校带薄弱校、优秀教师带青年教师"新模式，助推区域教研共同体优质均衡发展。盐池五小全程实时掌控、重点指导，逐步完善实施"一二三四五"的工作策略：一个责任、两个坚持、三个统一、四个到位、五个一保障，确保"三个课堂"和"635"教学2.0模式有效推进。

经过多年的实践探索，学校在教育教学资源共享方面积累了一定的资源，但在发挥优质学校资源共享、教师专业成长、促进学生全面发展、课程建设、教育均衡等方面还存在一些问题，主要表现在：

（1）如何创新"635"课堂教学模式，助力"三个课堂"深度应用，有效解决区域共同体学校教师深度融合的方向感不强、内驱力不足，信息技术应用能力差异大、城乡教育质量差距等问题。

（2）如何实现城乡教育公平和均衡发展、促进教师专业发展、促进优质教育资源共享。

（3）如何缩小区域教研共同体对信息技术2.0微能力点与教育教学的融合创新研究的差距。

三、主要做法

盐池五小坚持"育人为本、融合创新、区域推进、示范引领"的基本原则，采取"制定方案、研究策略、分步实施"方式，全程实时掌控、重点指导，确保在"635"课堂教学模式下，开展好"三个课堂"建设和有效推进，实现发展目标。逐步完善实施"一二三四五"的工作策略：一个责任、两个坚持、三个统一、四个到位、五个一保障，保障"三个课堂"常态化运行效果。

一个责任，责任是发挥标杆校的主体作用（主阵地）；两个坚持，坚持"线上线下、双向互动"、坚持研训为重，课题引领；三个统一，统一课表、统一管理、统一考核；四个到位，师资到位、培训到位、技术服务到位、激励机制到位；五个一保障：组一套有信息化领导力的班子，建一支有技术+行动力的团队，选一批有教学经验的专业学科教师，排一张短缺课程为主、精品课程为辅的课程表，制定一些立足长远、促进专递课堂规范运行的制度。

（一）三个课堂建设应用

1. 与时俱进，创建"三个课堂"模式

（1）创建以"一拖二"为主的专递课堂

按照盐池县"区域教研共同体"帮扶机制，从课程规划、师资配备、教学互动、教学评估等方面创建专题课堂。学校跟县域内高沙窝小学、冯记沟小学形成第九区域教研共同体，建设了6个专递课堂教室，分布在六个年级，既不浪费资源，又实现了帮扶校年级、学科全覆盖。形成同年级带同年级，同学科带同学科的帮扶机制，实现区域内学校优质资源共研共享。

（2）开通以优秀教师为引领的名师课堂

从名师选拔、课程录制、资源共享、教师培训等方面开通名师课堂。名师课堂的优秀教师由两部分组成，一部分是本部县级及以上骨干教师和教学名师；另一部分由区外名师组成。开展"线上""线下"同步教学活动；打破了时空、地域、学校、班级的界限；开展在线名师名课堂教学教研活动，专题研讨、示范课、专题讲座等教育教学网络研修活动。

（3）搭建由名校引领的"名师网络课堂"

通过名校合作、平台建设、课程应用、效果评估等方式搭建名校网络课堂，学校与区外成都紫藤小学，成都芳草小学，浙江宁波惠贞书院，陕西杨凌高新开发区小学，区内银川市实验小学，兴庆区三小，金凤区二、四小、五小，吴忠市朝阳小学等优质学校建立帮扶、协作关系，发挥"传帮带"的作用，学校通过名校网络课堂，开展互动交流、教学研讨等活动，让盐池师生享受到名校优质教学资源的大餐，实现了"云网端"一体化联动的效果。

2. 建立三级分层联动教学特色的智慧课堂

盐池五小结合各种示范校和"互联网+教育"的优势，以信息化2.0提升行动30个微能力为依托，打造三级分层联动教学模式的智慧课堂，来落实"双减"政策，促进学生全面发展、健康成长，促进义务教育优质均衡发展，推进基础教育质量。

（1）专递课堂

一是开通直通车。"要致富，先修路"，结合市县教体局有关文件精神，建立了"互联网+教育"背景下的城乡专递课堂，实现了视频直播教学覆盖全县各个乡镇学校、远程同步互动教学直达部分薄弱学校，实现了点对点、点对多、多点互动的音视频同步交流、直播、录播、点播等功能，打造了全县"精品课"、送教下乡、开展"四共"活动，逐步完善视频资源库建设，为全县"三个课堂"应用奠定了基础。

帮扶薄弱校促进教育均衡发展。盐池五小结对乡下薄弱学校有高沙窝小学、冯记沟小学。成立第九区域教研共同体开展专递课堂，缩小城乡差距，我们采取零拖一、一拖一和一拖多的教学，经过反复总结提炼出了专递课堂四共方式（即共备、共教、共学、共研）。

二是建立共同体。以县城学校为单位探索区域性专递课堂教学"1+N"服务模式。试验区内薄弱及小规模学校提出需求，由县城学校协调，区域内骨干教师、学科带头人组成团队备课磨课，专职教师上课，解决区域内学校学科师资力量不足问题，实现优质师资、课程资源区域内共享。目前，全县建立了十三个共同体，以区域合作形式，以区域龙头学校为核心、以区域名师、骨干教师、学科带头人为中坚力量，面向本区域内学校开展部分学科的网络教研、教学、青年教师培养等活动，扩大区域内学校名师、名课受益面，以最有效方式解决薄弱学校、偏远学校师资短板。

（2）名师课堂

一是"三双共建"线上线下教研实基础。为充分发挥县直窗口学校骨干教师的辐射引领作用，近年来，我们积极开展"双培双带双促进"活动，各乡镇小学与县直学校对口衔接，让乡村一名青年教师与城区一位骨干教师结成师徒，定期开展线下送教、进城跟岗活动、线上定时开展网络教学教研、线下"走教"，做到"六有"（有计划、有教案、有听课、有帮扶、有反思、有总结），促进了乡村学校教师素质的整体提高、促进城乡教育均衡发展。

二是"名师工作室"研讨树品牌。目前，我县共有县级名师工作室主持人

29人，学校3个，分布在全县各个学校。为了培养出更多本土名师，全县组建了29个县级名师工作室。名师工作室主持人定期组织团队成员在线理论学习、开展专题讨论、推进课题研究，成员定期开展线上线下磨课、互教互学，名师梯队已形成。各名师为本县农村教师开展培训讲座、送教，培养了大批青年教师，名师的示范引领和辐射作用已不仅局限于本校了。

三是"借助名师"引领促发展。为提升信息技术应用能力，特聘请全球醍摩豆智慧教育研究院（中国区）秘书长、名校长刘彬副教授，宁夏大学教授贾巍博士，西夏区教师发展中心教研员刘桂兰、区级骨干教师校长刘赞丹，广西柳州市箭盘山小学教学研究处主任蒙俊敏等区内外专家到校上示范课、评课、专题讲座等，通过理论与实践相结合的方式解读30个微能力在教学中的有效应用，提升教师信息技术应用能与学科融合的能力。

（3）名校网络课堂

一是推进课程共享。盐池县开展了"一源双师多终端"的网上教学活动，"一源"就是教学资源来自全区各名校。全区教师依托国家资源平台、宁夏教育云、在线课堂，组建的网络名师工作室、名校网络课堂辐射每所学校，名校的领头、辐射作用日渐突显，也实现了"停课不停学、停学不停教"。

二是推进管理互动。"打造网络名校，推动特色管理"，各学校积极行动。借助"国家资源服务平台""宁教云""在线课堂"等多种平台，各校积极探索线上管理、网络宣传的特色发展。学校常规管理、青年教师发展、"五项管理"、"双减"等工作一直走在最前列。学校的教职工大会、教研活动、大课间、课堂教学、升旗仪式等关键领域全部通过网络向全校家长开放，通过网络名校大大提升了学校的管理水平。

三是实现资源共享。志合者不以山海为远，道同者不以时空为界。远距教研推动了资源共享，教育均衡。借助"互联网+"，充分利用名师课堂、名校网络课堂先后与成都紫藤小学、芳草小学、浙江宁波惠贞书院、陕西杨凌高新小学，银川金凤、教研活动。通过联动教学模式，跨越时空，实现优质资源共享。

（二）创新"互联网+教育"背景下"635"课堂教学模式

在"五项管理""双减"政策下，盐池五小积极探索"互联网+教育"背景下的"635"课堂教学模式，提高课堂和作业的有效性（有效课堂、有效作业）。在促进学生个性化学习、自主学习、有效学习中发挥了积极作用，减轻了学生过重的学业负担，推进基础教育质量快速提升。

学校结合教师与学生的实际，既鼓励自我创新，大胆探索新的模式，也提倡"拿来选用"，就是可以根据学校学生的学情、教师的认识程度，经过探索总结出的好的模式与学校的实际做法结合起来，积极进行实践探求。在反复探索与认真总结、不断提炼基础上，我们总结出了具有盐池五小特点并具有一定实效的"635"课堂教学模式（即六环三段五特征的课堂）。

（1）"六"表示教学环节，即新课导入、自主学习、展示汇报、教师点拨、课堂检测、总结评价。

（2）"三"表示课前预习与准备，引导学生提前预习、尝试探究，定制师生共用明确的学习目标；课中设计与实施，问题启发，引导学生主动质疑、合作探究；课后评价与提升，精心设计，引导学生有效练习、温故知新的三个融通的学习阶段，要将其完全运用到区域学校中，辅助教师按照课前、课中、课后的辅助要求，做好指导与协助工作。

（3）"五"表示自主学习、合作学习、探究学习、智慧环境、创新课堂五个学习特征。

在"互联网+教育"的背景下构建的"635"课堂教学模式是向教学个性化转变，树立特色意识；由研究"教师教什么"和"怎么教"向研究"学生学什么"和"怎样学"转变，树立角色转换意识，把课堂还给学生，实现课堂增效，提升学生课堂学习效率，减轻课业负担。

（三）让区域教研共同体教研，在互动中分享智慧

1.实现异地教学的高效互动

彻底改变原来远程互动教学的弊端，实现线上一拖一或一拖多的教学，影像、声音、数据、资源都能实时同步，智慧教室系统即把大家紧紧连接在一起，沉浸式参与、音视频同步、全方位互动，实现主讲教室与参与教室异地同步的师生、生生、人机高效的互动；搭建起跨地区的优质教育资源互惠、共享平台，加速推进智慧教育服务模式和学习方式新变革，将远程共享智慧课堂常态化应用，真正实现跨地域的优质资源共享，促进学术交流与教育均衡化发展。高力文老师教学《渔歌子》充分突出了智慧教室的优势，让盐池五小和高沙窝小学两校的学生通过对学、群学的方式参与到课堂中来，使课堂上的互动变得更加有效。

2. 实现异地教研的高效互动

通过远程共享智慧课堂搭建组织异地教研活动。由名师分享智慧教育实践成果，营造教师远程互学促学的教育氛围；促进异地教育研讨、加深两地学术交流、共享双方教学经验。盐池五小与成都芳草小学、银川金凤区二小、高沙窝小学，开展了多次"互联网+远程共享智慧课堂"教学研讨活动，为异地两校带来了视觉和思维的双重冲击，实现了真正意义上的"互联网+教学、教研、评价、学习"。也有老师通过自己的手机对这两节课进行在线实时评价（苏格拉底教学分析系统），大家各抒己见，有认同，有疑问，有建议，以这样的方式参与，老师们不仅是在评课，更是在学习。接着，两地教研员、学科组长、老师进行了线上议课。结合信息技术与学科深度融合议题进行议课研讨，对两位青年做课教师给予了充分的肯定，也就存在的问题谈出了各自观课的看法、思考、收获等。此次教研改变了传统方式，实现了线上互动。还从"数字资源"评价中看到了教师对互联网运用的程度如何，利用"苏格拉底"教学行为大数据促进了教师专业化成长，推动了教育信息化快速发展。

四、成效与经验

随着5G、"互联网+"和AI、人工智能、大数据等技术的快速发展，以及移动学习终端设备的大规模普及和应用，"智慧课堂"理念也应运而生，为学生个性化学习与终身学习提供重要支撑。在推进"互联网+教育"标杆校的工作中，创建"人人可学、处处能学、时时皆学"的智慧学习环境，在城乡教育优质资源共享成果中构建了"三级分层联动""四共""635"课堂的教学模式。

（一）三级分层联动

通过专递课堂、名师课堂、名校网络课堂三个课堂打造了三级分层联动教学特色，将县城的优质资源辐射到乡镇薄弱学校。专递课堂模式，重点为城乡3所帮扶学校（盐池五小、高沙窝小学、冯记沟小学）提供了优质的教学教研资源，一定程度上帮这3所学校解决了课程不齐的问题，提高了城乡教师信息化应用能力，也提高了学生学习兴趣，扩大了乡村学校学生的视野。名师课堂，重点为学校教师信息化2.0提升行动30个微能力提供了指导培训的资源，一定程度上解决了信息化2.0应用的瓶颈问题。名校网络课堂，结对了区内外10余所学校，一学期共开课10节，重点是为我们输送了优质的教学资源，经过三年的线上线下交流研讨，提高了课堂效率及教学质量。

（二）四共

在开展专递课堂中创建了四共教学方式（即共备、共教、共学、共研一体化的教学方式），实现优质资源共享。课前采取线上共同备课、课中教师共同教学，学生共同学习，课后共同教研，形成四位一体。重点为专递课堂奠定基础，一定程度上解决了课堂效率低的问题。

（三）"635"课堂教学模式（六环三段五特征）

在实施"互联网+教育"工作中，经过三年探索与实践，提炼出"互联网+教育"背景下的"635"课堂教学模式（六环三段五特征）：这个教学模式重点解决了学生自主、合作、探究学习问题，一定程度上推进了基础教育质量。2018年以来在全体师生的共同努力下，学校每学期教学成绩和综合考评始终保持全县第一名。近四年来指导教师参加一师一优课获部优课8节，区优课21节，市优课25节，县优课100余节。2017年《以信息技术促进学生个性化学习》入选全国教育信息化优秀案例，2023年整校推进案例《创新"635"教学模式助力三个课堂深度应用促进区域教研共同体高质量发展》入选全国中小学智慧教育平台。

总之，教育信息化具有突破时空限制，呈现手段丰富独特，必将成为促进教育公平，提高教育教学质量的有效手段。学校充分发挥"三个课堂"开授课优势，学生自主学习的意识和能力、判断思维和信息素养都得到了显著提升，促进学生全面发展，健康成长。经过几年的实践和探索，盐池五小有了显著的变化，实现了城乡互动和资源共享；引领共同体教师专业成长；促进边远学校教师教学水平的提升，让信息技术赋能教学，办好人民满意的教育。

信息技术促进学生个性化学习的探索研究报告

信息技术特别是现代教育信息技术、教育信息化对传统的课堂教学方式、教师教学方式与学生学习方式都产生了并继续产生着重大而深远的影响。同时，教育与学术领域众多理论家、实践者对信息技术对教育教学影响的研究也从最初关注技术本身到关注技术与课程教学的有机整合再到现阶段如何向信息技术借力促进学生学习的个性化与终身化的方向发展。这一发展趋势说明，现代信息技术支持下的个性化学习是一个重大的教育、教学理论与实践问题，值得深入探讨与具体实践。宁夏回族自治区盐池县第五小学承担的教育部教育信息化第一批试点项目——"信息技术促进学生个性化学习的探索"就是对这一重大教育教学现实问题的实践探究。

一、研究背景

现代信息技术特别是以网络为核心的教育信息化现已成为时代发展的潮流，并深刻影响到各级各类学校的教育教学领域。

（一）教育政策发展的背景

学校教育教学必须顺应信息化时代的到来，才能培育出优秀人才。因此，在2010年颁布实施的《国家中长期教育改革和发展规划纲要（2010—2020

年）》中就明确提出在今后教育改革发展中要切实加快教育信息化发展进程，不断强化信息技术应用；要不断提高教师应用信息技术水平，更新教学观念，改进教学方法，提高教学效果。

同时，各级各类学校要积极鼓励学生利用信息手段主动学习、自主学习，增强运用信息技术分析解决问题的能力。2012年9月5日，时任政治局委员、国务委员的刘延东同志在全国教育信息化工作电视电话会议上的讲话中也极为深刻地指出："信息技术的全面渗透深刻影响着教育理念、模式和走向，教育发展必须适应信息化时代的特征。"

对此，教育部在《教育信息化十年发展规划（2011—2020年）》中也明确提出："人类社会进入二十一世纪，信息技术已渗透到经济发展和社会生活的各个方面，人们的生产方式、生活方式以及学习方式正在发生深刻的变化，全民教育、优质教育、个性化学习和终身学习已成为信息时代教育发展的重要特征。"要积极有效应对这一新的发展形势，就要"充分发挥政府、学校和社会力量的作用，面向全社会不同群体的学习需求建设便捷灵活和个性化的学习环境，终身学习和学习型社会的信息化支撑服务体系基本形成。"如此看来，培养学生在信息化环境下的个性化自主学习能力，才能更好适应信息化和国际化的要求。

同时，积极鼓励学生利用信息手段去主动学习、自主学习、合作学习并重视培养学生充分利用信息技术来学习的良好习惯，对发展学生兴趣特长、提高学习质量、促进学生全面发展都具有十分重要的现实意义。

（二）教师教学方式与学生学习方式变革的背景

在现代技术特别是现代信息技术日新月异的时代背景下，各种现代化教育教学方式纷至沓来：最初是幻灯、投影仪、电影、录音、广播、语音实验室等现代技术在教育教学中的广泛应用；随之则是卫星电视、电子计算机、微电子技术、光纤通信技术、多媒体技术的在教育教学实践中的普及应用。

这些技术手段与教学媒介不仅极大地丰富了教学手段与方式，而且促成了个别化教学的发展，为教育教学提供了新的途径。计算机与网络技术的出现，

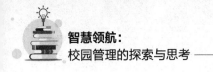

使学生之间的相互交流和协作更加方便，并产生了"小组合作学习"这种现代课堂教学形式。

特别是在20世纪90年代后，internet和多媒体技术的日益成熟与广泛普及，为教学交流提供了更广阔的途径和更加丰富灵活的形式，出现了"虚拟教育"、远程教学、交互式学习等一系列教育新概念，引起了教育领域的一场大变革。可以说，信息技术特别是随着网络技术的出现与计算机的广泛使用，极大地改变了教育教学的形式与方式，并为现代教育教学提供了更为丰富的资源，将课堂延伸到了网络所能涉及的各个角落。

这些变化促使了教师角色的转变，也深刻地改变了学生的学习方式。在信息技术条件下，学生的学习方式有了根本性的变化，他们获取知识的途径、手段与方式都与传统的学习方式有着明显的不同。这些不同，需要教育者在一定理论指导下加以正确引导、恰当组织，才能使学生的学习方式与现代信息技术有机结合起来，并进而促进学生的全面发展。

同时从更广阔领域来看，在飞速发展的时代与信息技术日新月异的时代背景之下，现代信息技术正越来越深入地渗透到学校教育教学的各个领域之中，并为关注学生个体实际学习需求、尊重学生自主与多样学习选择的个性化学习提供了良好条件。

例如，在英国，以信息技术来促进教育教学改革现已成为一项重要内容，并在许多中小学校中取得了较好的教育教学实践效果。在英国中小学校中，个性化学习教学涵盖了高品质的教学、学习目标设定与跟踪、学习评价、学习辅导、分组学习、学习环境、课程管理、课程拓展等基本功能特征，其中信息技术是支持这些功能实现的一项重要因素。

在国内，信息技术与学生学习方式的转变也成为研究探索的重要问题，许多地区与许多学校也都先后开展的实践探究。例如，在教育现代化水平较高的江苏省苏州市沧浪区就十分重视区域教育信息化建设工作，其中平直实验小学就积极探索和深入研究在信息技术支持下的个性化学习研究，并在改革和创新中走在了沧浪区乃至苏州市的前列，成为信息技术支持下的个性化学习的江苏省首家实验校。与苏州市沧浪区一样，全国其他地区、众多学校也先后组织了信息技术促进学生个性化学习的实践探索，并取得了显著成绩，积累了丰富经验。盐池县五小的实践探求，也是为了适应信息技术条件下学生学习方式变革的时代需要而进行的。

（三）学校发展的背景

宁夏回族自治区盐池县第五小学始建于2010年8月，当时是县委、县政府为解决日渐增多的进城务工人员子女"入学难"问题而设立的，也是优化全县中小学布局结构、整合教师资源而新建的一所全日制小学。

在建校之初，由于学校生源主要是来自县城其他三所县直小学，因而学生学习成绩、学习状态、行为习惯相对比较差，学生家长不愿意让孩子来，托关系想办法把自己的子女留到原学校。同时，由于许多学生家长都以打工为主，文化程度相对较低，并且没时间、没能力照顾孩子和督促孩子的学习，学生家庭教育滞后，家校配合存在诸多问题。

学校创建时的这一客观情况，给学校教育教学质量提高带来了较大困难。面对这种现状，学校领导班子与广大教师反复讨论，出谋划策，重点跟踪，但对提高学生学习主动性、积极性都收效甚微。于是，为了改变学生、家庭这种不良学习状态，并实现预定的"一年奠基，二年拓展，三年成效"之发展目标，学校就决定走改革发展之路——以现代信息技术的推广、应用来发展学校、造就学生、提高质量。

2012年3月，盐池县第五小学"信息技术促进学生个性化学习探索"试点研究项目被自治区教育厅批准为全区第一批信息化教育资源有效应用试点学校；同年10月，学校又被教育部确定为教育信息化第一批试点单位。在立项批准后，学校稳步积极地开展了"现代信息技术促进学生个性化学习"研究项目的实践探索，并积累了丰富经验，也取得了良好成绩。

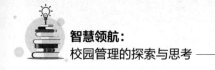

二、研究意义

（一）适应信息社会发展要求

21世纪信息技术飞速发展与变化，我国已快速全面地进入了信息化时代。在这一时代背景下，信息技术特别是信息化极大地改变着人们的工作方式、教育方式、学习方式以至于思维方式，同时也加速促进教育信息化发展进程。信息技术特别是教育信息化不仅加快了教育现代化步伐，也更为有效地推进了学生个性化学习的贯彻实施。因此，以"信息技术促进学生个性化学习探索"为研究对象，并在现代学习理论、创新理论以及信息技术理论等指导下有效运用信息技术来探索促进学生个性化学习与全面发展，才能推动学校发展。

（二）促进学生全面发展

国内与国外的众多教育教学研究与探索实践都一再表明，以信息技术来促进学生个性化学习方式形成并使学生能在原有认知结构基础上积极主动通过网络环境获取知识、建构知识、运用知识、解决问题，可充分发扬学生主动学习探求的主体性地位精神，有效激活学生多种思维能力，培养他们良好的思维品质。同时对信息技术的合理有效运用，还可充分调动学生的积极性、主动性和参与性，培养学生在学科中的个性化学习能力和创新思维能力，发展学生的自主合作探究能力。

（三）改变传统课堂教学模式

对信息技术的合理科学运用，可推动教师教学方式和学生学习方式的转变，切实提高课堂教学效率，促进教师的专业发展和学生的个性化学习。同时通过长期的实践探索与理论学习，也能转变教师的教育教学观念，促进教师在自主学习研究中的自我发展。

（四）推动学校健康发展

盐池县第五小学在建校之初，就确立了"一年奠基，二年拓展，三年成效"发展目标。要实现这一发展目标，以信息技术运用来促进教育教学质量提高就成了必然选择。就是说，以"信息技术促进学生个性化学习探索"随之就成了学校走健康发展、快速提高之路的重要抓手与具体措施。

三、研究目标

第一，探求规律

调查分析学生个性化学习的基本特征，探索学生个性化学习的基本规律。积极探索基于网络环境，信息技术与学科有效整合的规律、途径、模式与策略，从而培养学生自主学习、合作学习及发展创新精神。

第二，创建平台

在研究过程中，要探索搭建有利于学生个性化学习的资源平台，形成有利于个性化学习的评价方法；培养学生自主上网的习惯，自主获取、分析、加工等处理信息的基本能力。

第三，转变方式

在具体研究中要通过对信息技术与学习方式转变规律的把握来指导教育教学实践，以切实转变学生的学习观念，改变学生的学习方式，让学生养成个性化学习的习惯，进一步提高自主学习的能力，促使学生在个性化学习和合作能力等各方面得到发展，为其终身学习与发展奠定良好的基础。

第四，形成模式

通过信息技术下学生个性化学习方式转变的理论与实践探索，构建出具有一定科学性、可操作性的信息技术促进学生个性化学习的基本模式，为教育信息化背景下的教育教学改革提供良好经验与借鉴。

四、研究内容

在人类进入21世纪后，信息技术对人类社会各领域的发展产生了并将继续产生着重大而又深远的影响，同时也出现了一些值得研究的社会性、教育性问题，其中教育问题就是在信息技术发展中较为重要的一大现实问题。同时，个性化是和大众化相对，常用来指具有个体特性的需求和服务。而个性化学习是指在承认并尊重学生的学力、兴趣、偏好和能力存在明显差异基础上，以促进学生富有个性的发展为目标的一种学习范式。就是说，在个性化学习过程中教育者承认学生在社会背景、智能背景、生理条件、知识结构、生活经历、兴趣爱好、气质性格、学习态度等方面存在个别差异的前提下，做到既"有教无类"，又"因材施教"，使每个学生都得到全面发展。基于这些认识，就要推动信息技术环境下的个性化教学模式构建、个性化的教学方式与学习方式的构建。具体来讲，为具体探究信息技术促进学生个性化的学习，本试点项目的研究主要集中于以下几方面进行研究。

第一，构建出信息技术环境下学生个性化学习的课堂教学模式。

第二，探索出建设具有本校特色的个性化的合作学习小组。

第三，鼓励广大教师积极运用信息技术，促进学生个性化学习。

第四，探索形成"信息技术环境下学生个性化学习"评价模式。

第五，在学校积极创建有利于促进学生个性化学习的教育信息资源环境。

五、研究方法

（1）调查研究法：通过调查、访谈、问卷、座谈等多种形式，对盐池县第五小学学生的兴趣爱好、能力倾向、学习风格等进行调查，并为把握学生个性化学习的基本特征寻找事实支撑与改革依据。

（2）文献研究法：组织全校教师学习相关的理论书籍，运用先进的教育理论指导课题实施，深入开展探索，在此基础上制定具体目标和策略，并在实践中不断总结和提高。

（3）行动研究法：坚持理论与实践相结合，组织教师结合日常的教育教学实践，开展信息技术与个性化学习的合作探索活动，共同探讨教育教学问题，探讨个性化教学模式的建立与完善，促进教师的个性化教学和学生的个性化学习。

（4）个案研究法：对部分班级学生进行跟踪式的个案分析探索，具体了解学生个性化学习所需要的支持环境和表现出来的独特的学习风格，并由点到面来进行规律性研究。

（5）经验总结法：组织教师及时撰写教育教学叙事与教学案例分析，及时总结实践中的经验，编印案例集、论文集等。

六、研究思路

课题研究确定以教研组小课题研究和构建信息技术环境（支持）下学生个性化学习的课堂教学模式的探索，采取分步实施、逐步提高为原则，积极推进信息技术下学生学习方式的转变。

第一步，加强学校信息技术领域的基础设施与设备建设，提高教师信息素养，转变教师教学理念。

第二步，多措并举，以实践探索、理论学习相结合，加强现代信息技术与各学科教学的融合，实现教与学方式的快速转变，促进学生个性化学习。

第三步，在实践研究基础上，探索构建信息技术促进学生个性化学习的课堂教学、评价模式。

第四步，根据语文和数学在信息技术的环境下课堂教学所展现出的独特学习风格，初步提出在信息技术环境下引起的教师与学生的个性化教学与个性化学习的合理性对策建议，以确保教学的高效性。

七、研究过程

（一）前期准备阶段（2012年12月—2013年5月）

第一，提高认识水平。初步制定探索工作方案，组建机构，明确分工，讨论实施办法，请专家指导。课题组成员确定研究探索方案，并主要通过学习《国家中长期教育改革和发展规划纲要（2010—2020年）》和《教育信息化十年发展规划（2011—2020年）》文件以及2012年9月5日刘延东副总理在全国教育信息化工作电视电话会议上的重要讲话精神。同时，大量查阅国内外关于研究信息技术环境下学生个性化学习方面的资料；通过项目实施研讨会，分析论证信息技术促进学生个性化学习概念的界定；组织开展前期调查，具体分析学生个性化学习状况等方法。最后，确立项目探索的方案、目标、内容、方法，

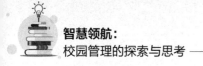

确保试点项目的研究按预定目标推进。

第二，分解研究任务。学校多次召开课题组会，讨论拟定各学科运用信息化促进学生学习的具体探索子课题。在前期探索中，语文教研组确立了"信息技术促进学生个性化阅读的探索"子课题并分设个性化识字写字能力，阅读习惯、兴趣的培养，个性化作文培养等方面的小专题研究；数学教研组确立了"信息技术环境下创设有效数学学习情境的探究"子课题并结合生活情境，培养学生的习惯及兴趣；明确各学科探索的方向、步骤、措施等。

第三，搭建研究平台。学校加大信息技术设施投入，加强设施设备的配置与教师的培训，形成促进学生个性化学习的教育教学资源平台。同时，对参与实施的教师和学生进行校本教科研理论和信息技术等培训，教师培训由教务处负责组织，学生具体由信息技术老师和班主任组织实施。同时，积极组织开展以学生为主的信息化技术运用兴趣培养活动，指导学生的信息技术应用水平。此外，学校还聘请福建省连江县实验小学进行专题讲座，通过专家引领、学生手拉手等活动激发学生获取知识的兴趣。

（二）实施开展阶段（2013年6月—2014年1月）

这一阶段主要以学生个性化学习探索为主线，组织实施各学科以实施目标为方向来全方位探索、总结"信息技术支持下的个性化学习探索"方式、方法、经验和规律。为此，项目试点研究结合实施方案相继下发了《盐池五小班级学科（信息技术促进学生个性化学习探究）实施登记表》，旨在让教师根据不同年级、不同学科尝试开展，验证、提炼做法的有效性。

同时，要求学校各教研组，年级组相继完善小课题研究，从小范围、不同学科、不同年级、不同层面引导、培养学生通过信息技术解决学生自己学习任务的基础上，积极拓展学生的阅读、作文、计算、问题搜集、解决问题的方法的多种途径，真正从学生学的角度来组织实施教学。

为了推进此课题顺利实施，在教师、学生、家长中开展"同读书共成长"的自主阅读活动，又跟吴忠金银滩小学开展信息环境下的课堂教学活动，同时学校利用开放图书的办法培养学生自主阅读的习惯，让学生做好自主阅读的学习笔记（摘抄好词佳句、积累名言警句等）、批注教材、课时、单元自主学习小抄报。

在学生层面，试点项目研究也不断创造有利条件，全面指导学生在各学科学习中运用信息技术开展自主合作学习，转变教师课堂教学模式，转变学生课堂角色，促进学生个性化学习，提升学生学习能力。同时，在全校教师中广泛开展信息技术环境下的优质课比赛，在学生中开展电脑绘画，语文、数学兴趣小报，汉字听写大赛、个性化作文比赛、网络环境中获取开放性知识等活动。

（三）模式探究总结、推广阶段（2014年2月—2016年12月）

根据试点项目研究方案，学校根据实际需要继续制定出相关合作学习小组制度、方案、编写导学案、练习园地等，并要求各班建立合作学习小组，同时加强班级文化建设，规划班级合作学习小组个性展示黑板，制定完善合作学习小组评价体系，鼓励建立班级QQ群、微信群，积极给学生创设网络环境交流平台。同时，学校也积极组织开展了与联谊学校（吴忠利通区二小、盐池五小等8所学校）的教研交流活动，在相互交流借鉴中探索信息技术促进学生个性化学习的途径与方式。

链接材料之一：盐池县第五小学信息化教育资源运用试点计划

……

在信息化环境设施建设达标的基础上，通过信息化教学资源有效应用来转变学校管理方式、转变教师的教学方式，转变学生的学习方式，推进学校教育技术在学校管理和教学过程各环节中的常态应用，结合高效课堂通过多种途径的培训、学习、活动等，重点促进信息技术与学科课程的整合，完善校园信息化环境，打造数字化校园。利用学校各功能室和"三通两平台"的力量，提升学校信息技术设施的水平，做到信息技术设备随处都有、随手可用，整合学校教育资源，初步建成能为全体师生提供综合服务的数字化平台（比如360公共云盘、FTP等服务平台），实现无纸化办公（OA办公系统）。

……

——《盐池五小2014年信息化教育资源应用试点工作计划》

在项目研究全面实施阶段，一是全面开展了校际间开展经验交流，相互学习、借鉴，在探索、总结经验的基础上，全面开展学生信息技术个性化学习，真正实现学生自主学习，全面转变教师、学生角色，努力实现学生学习的高效性做法。二是组织编写导学案、练习园地，进一步规范信息技术下学生个性化学习的课堂教学模式。三是2014年12月25日组织开展了全县第二次合作学习现场会。

链接材料之二：盐池县第推进高效课堂媒体报道

在项目研究总结阶段，一是总结各子课题工作；二是整理实施数据和资料，组织专家验证信息技术促进学生个性化学习探索的方式、方法与经验，对课题进行鉴定；三是于2015年12月10日开展全县第三次合作学习现场会；四是收集整理探索课题过程性资料，撰写课题研究报告。

在项目经验推广阶段，一是第四次修改导学案、练习园地，更有利于学生个性化学习。二是接待县域外观摩学习，与吴忠利通区二小、十五小（结对校）及吴忠扁担沟中心小学、吴忠孙家滩中心小学、红寺堡三中、一小、二小、三小、回小、燕宝小学及前旗实验小学等，相互借鉴、相互学习。同时，学校继续选派教师外出学习。跟吴忠市利通区十五小结对协作，教师之间帮扶结对，初步探索总结出学生"自主学习五步课前预习模式"。

查划写练思——第一步、查（查着工具读）；第二步，划（划着重点读）；第三步，写（带着感想读）；第四步，练（做着习题读）；第五步，思（带着问题读）。

目前，在"信息技术促进学生个性化学习探索"这一试点项目的有力推动之下，学校正在积极筹建电子图书室与初步尝试"互联网+"课堂，以继续探索信息化背景下学生个性化学习的特点、途径与成效。

八、文献综述

通过CNKI（中国知网数据库）等查阅，可看出信息技术促进学生个性化学习的研究人数众多、成果不少，并主要反映以下这些方面。

现代信息技术支持下的课堂是信息技术与课程整合的产物。因此，随着信息技术的快速发展，信息技术也随之以一种教学工具出现在课堂中，这就需要将信息技术与学科课程做到完美结合。对此，有关研究表明，以美国为例，据美国国家教育统计中心提供的统计数据显示，2000年全美已经拥有很好的信息技术支持下的学习环境，其中95％的学校和72％的教室与Internet相连，有66％以上的教师认为在课堂教学当中运用信息技术增强了教学效果。可以看出，美国在信息技术和学科有机结合方面取得了一定成效。但人们对于信息技术的应用对教育技术的要求不是很高，对此，美国总统克林顿提出了"教育技术行动"。该行动说道：截止到2000年，美国的每间教室和每个图书馆都将连上信息高速公路，让每个孩子都能享受到技术文化教育，该行动指出，让所有师生均可在教室使用新型的多媒体电脑；使优秀软件在线学习资料成为学校课程的组成部分；培训和支持所有老师以帮助学生使用电脑和上网学习。

在国外，信息技术与学科课程的整合是信息技术教育发展的必然趋势，教学课程与信息技术的整合已成为全球性教育改革的一项重要内容。其中美国教师联合会在2000年制定的《学校数学教育中的原则和标准》中指出："信息技术在数学教学中的作用是基本的，它影响着数学教学内容和促进了学生的数学学习。"在国内，随着信息技术与学科课程整合的快速发展，我国在1998年11月出台了《中小学信息化教育发展与实施纲要草案（征求意见稿）》，2000年底召开的全国中小学信息技术教育工作会议决定，普及全国中小学信息技术教育。同时教育部门还提出了中小学普及信息技术教育的两个主要目标：一是开设信息技术教育必修课，加快信息技术教育与其他课程的整合；二是全面启动"校校通"工程，让师生们都能共享网上教育资源。对此，在这一时代背景下，各地、各学校都努力推进信息技术与其他学科教学的整合，众多教师也在各自的教学实践中广泛应用信息技术手段。相关研究也表明，多媒体优化整合满足学生的个性化需求。多媒体的优化整合超越了文字这种单一媒介，形象生动地为学生展示学习内容。皮亚杰认知发展理论认为，小学生的思维发展主要处于"具体运算阶段"（7—12岁），即小学生一般只能对具体事物或形象进行思维，多媒体优化了课堂演示模式，利用多媒体教室或计算机网络教室，由教师向全体学生播放多媒体教学软件片段，创设教学情境，演示教学内容，这充分符合了小学生的认知发展特征，从而在更大程度上满足了学生的个性化需求。

总体来看，已有的研究对个性化学习的研究数量很多，特别是运用现代信息技术来促进学生的个性化、自主学习越来越受到研究者的青睐。但这些研究探索并没有把信息技术作为学习环境和学习资源，而是把它当成一种学习的工具，并没有渗透到个性化与自主学习的各个环节中，只是为个性化与自主学习提供一个学习资源的交互平台。本研究则主要是关注现代信息技术支持下课堂教学所具有的优势在促进学生个性化学习、提高教学效果方面的作用与具体实施模式。

附1：项目探索

现代信息技术环境（支持）下的课堂，实际上主要是指利用信息技术和信息资源构建出能够促进学习者自主创新去有效学习的模式。根据这一基本认识，在"信息技术促进学生个性化学习探索"试点项目的研究探索过程中，我们强调这一模式不仅限于在实际课堂中借助于信息技术这一教学工具来组织实施教学，而是要重视发挥其所具有的广阔的时空和无限拓展的功能。就是说，"信息技术促进学生个性化学习探索"的关注与研究重点应是在通过改变课堂教学模式与教师教学方式的基础上，有效改变学生的学习方式，促进在信息技术环境下学生的个性化学习。根据这一具体认识，"信息技术促进学生个性化学习探索"试点项目的实证性研究主要聚焦于以下三方面的探索。

一、推动信息技术环境下课堂教学模式的变革

课堂是探索的主阵地，离开了教学实践，任何项目探索与课题研究就会失去生命力。因此，在"信息技术促进学生个性化学习探索"项目的实践探索与具体研究中，我们始终把课题研究工作和课堂教学紧密结合起来，使课题研究牢牢扎根在课堂这块肥沃的土壤之中。期间，前来学校进行试点、研究指导的专家团队、教研员与学校领导、学科教师都在认真琢磨，如何使我们的课堂变为活动课堂、常态课堂、创新课堂、自主课堂、期待课堂。这样的课堂就需要一定的模式，但不能局限于固定模式。因此，依靠一定的模式实现教学方式的转型，将"教"的课堂转向"学"的课堂，并在这一过程中实现角色转型，指导学生学会自主合作探究学习，同时也有效规范师生教与学的行为，全面提高教学质量与课堂教学品位，促进教师专业发展。

同时，对信息技术环境下的教学模式之内涵与特征应如何正确认识以及对这类教学模式应如何有效实施都是需要深入具体加以探讨的重大现实问题。为此，在"信息技术促进学生个性化学习探索"试点项目研究探索过程中，学校先后组织教师对教学模式基本内涵以及对教学模式进行正确分类的原则与方法进行了学习、掌握，特别是其对信息技术与教学模式相结合的特点做出了科学阐述与准确掌握。

（一）提高认识，转变观念

为体现信息技术环境下学生的个性化学习，就需要深入探索课堂教学模式的变革。而要变革教学模式，就需要改变教师的教学观念。在这一过程中，我

们经历了以下四个环节:

第一环节, 过"三关", 打好基础

首先是认识关。面对一项新的改革, 教师中有不愿参与的, 有消极等待的, 有抱着应付差事、走走过场的, 更有怕吃苦、受累的, 这些现象都是人之常情。在此前提下我们充分认识到加强教师思想引领, 提高教师思想认识, 克服教师思想上的畏难情绪, 激发教师的热情, 鼓舞教师的勇气, 是我们拉开构建高效课堂序幕要迈过的第一道门槛。为此, 我们采取会议渗透、宣讲, 做到逢会必讲高效课堂, 逢人必谈高效课堂; 分年级组召开座谈会, 领导深入年级组与教师交流; 召开高效课堂动员大会、后续的推进会等多管齐下的办法蓄势造势, 在这些过程中, 引领教师明确"三点认识":

一是认识到构建高效课堂是教学永恒追求、大势所趋, 已经刻不容缓;

二是认识到构建高效课堂是培养学生自主学习能力、合作能力、展示能力, 提高学生综合素质的最为有效的载体; 实现"教"的课堂向"学"的课堂转变, 实现学生被动学习向积极主动学习最为有效的途径;

三是认识到构建高效课堂是对我们的挑战, 是对我们全体教师责任感、使命感、敬业精神、创新能力、团队合作精神的检验。

其次是学习关。"请进来、走出去"。

学校围绕构建高效课堂方案, 从教师的理念、角色的转换、课堂操控策略、学习小组的创建、班级学生学习评价体系的探索等方面, 对教师进行了"请进来"培训, 派教师走出去学习, 先后派出约200人次。在这个过程中, 前后给全体教师印发了《课堂教学模式操作流程》《高效课堂学习小组建设材料》《构建高效课堂核心问题材料》《高效课堂有关方面操作说明》等资料, 要求教师认真阅读, 领悟其要义。

最后是反思关。每次外出回来, 我们都组织座谈、交流, 要求教师谈认识、谈收获, 着重转变理念。

第二环节, 磨"三课", 抓住关键

面对教师手持导学案仍然不知如何操作, 课堂上依旧以讲为主的现状, 本学期开学第一周，学校及时要求专家团队来上示范课，让老师零距离感受。为了避免生搬硬套、"水土不服"，每次活动结束后，学校都要明确阶段工作目标。要求教师在两周之内上一节"像"的课；接着就大面积推门听课，尤其是重点实施的年级，逐一过，比如，双班数学老师，第一节课发现的问题，课间交流，第二节课另一个班再上、再听、再探讨。在反复的听课中，发现"先学后教，以学定教"体现较好的课堂，重点指导，为全体教师上示范课，让教师明确方向；下一步在中高年级全面推开，落实人人过关课。对不过关的课，确定为跟进课，反复听、跟进指导，直至过关。

第三环节，建"三模"，力求规范

在"信息技术促进学生个性化学习探索"的试点研究探索中，我们结合学校教师与学生的实际，既鼓励自我创新，大胆探索新的模式，也提倡"拿来选用"，就是可以根据学校学生的学情、教师的认识程度，将结对子学校已经探索总结出的好的模式与学校的实际做法结合起来，积极实践探求。在反复探索与认真总结、不断提炼的基础上，在推动"信息技术促进学生个性化学习探索"试点研究中，我们总结出了具有盐池五小特点与富有一定实效的"635"课堂教学模式"八步研课模式""'双向'捆绑评价管理模式"三种主要模式。

第一，"635"课堂教学模式。这一教学模式就是充分利用现代信息技术并促进其与各学科教学的深度融合，把各科课堂教学规定为"六个环节"（教师）实施"三项辅助"、突出学生自主学习的六个因素来组织实施教学。

"635"课堂教学模式（六环三辅五主）

203

其中"导"就是新课导入与导学提示（自学提示），要求以师为辅；"学"就是自主学习与合作学习，要求以生为主；"展"就是以组展示与个体展示（形式不拘），要求师生互动；"点"就是教师点拨追问与学生点拨质疑，要求知识固化；"练"就是课堂达标检测课后练习巩固，要求堂清训练；"评"就是教师评价与学生互评、自评，要求总结提升。

第二，八步研课模式。这一模式主要是为了推进现代信息技术与学科教学深度融合而建立起的教师备课管理模式。

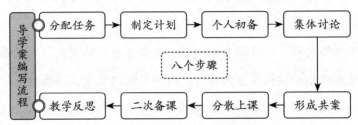

研课模式（集体备课）

在这一模式中，围绕现代信息技术在学科教学中的实际运用这一任务，首先由备课组长分配任务，随之是学科组成员共同制定计划、个人初备、集体讨论而形成共案、分散上课、个性修改再推进二次备课（课堂即时生成与对策）、教学反思（反思设计、反思学情、反思引导、反思氛围），在推动教师专业发展基础上切实提高教学效率。

第三，"双向"捆绑式评价管理模式。这一模式主要是教师课堂教学改革实效的管理与评价模式。

在这一模式下，推动教师教学活动的精细化管理与科学化评价。其中班级语数教师合格考核办法按年级段进行奖励，一是凡在期末统测中一、二年级合格率在95%以上，三、四年级在85%以上，五、六年级在75%以上的班级奖励语数教师每人60元。二是凡在期末统测中五、六年级合格率在70%以上的班级奖励语数教师每人60元。同时，对学生合作学习主要从以下七个方面进行评价：①课前预习；②课堂学习；③课堂作业；④家庭作业；⑤友好合作；

⑥期末成绩；⑦荣誉及其他。

"双向"捆绑评价管理模式

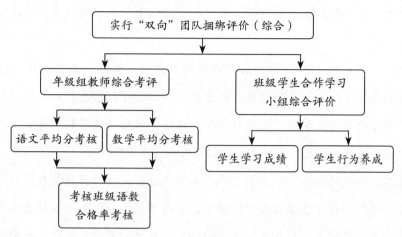

要特别加以说明的是，在"信息技术促进学生个性化学习探索"的试点项目研究中，我们还积极鼓励、有效激发教师根据学科特征与自己的探索自主"构建"教学模式，并在实践中先后形成了语文预习模式、数学学习模式等。各种具体模式，将在后文中加以详述。

第四环节，求"三实"，稳步推进

在构建高效课堂的过程中，我们力求真实、扎实、实效。在扎实推进这方面，我们一步一步，扎实做好每一个环节。比如，加强教研，要求教研组长、教学能手、骨干教师充分发挥好自身的业务特长，做到优势互补，资源共享，定期开展课堂教学研讨，集体备课交流，课堂问题征集，好做法分享。多次召开教师研讨会，学校下发征求意见表，让教师畅谈自己在实践中的困惑，征集教师在实践中存在的问题，确定专题，围绕"如何有效开展小组合作学习""如何有效进行多元化展示""对小组长应该提出哪些要求、进行哪些训练""如何指导课前预习"等问题进行专题研讨，相互交流，相互启迪，及时总结。在实效上关注学生的收获，学生的发展。

（二）积极探索，构建流程

在教育信息化的时代背景之下，许多研究者都认为基于信息技术的教学模式便孕育其中，它是教育信息化的必然结果，也是我们当前改革教育、解决教学问题的有效途径之一。

为此，在"信息技术促进学生个性化学习探索"中，我们确立了以下两个原则：

第一，是以学生为中心。教育教学的本能应是对人的关注，信息技术教学的基本要求也必须随着信息技术的更新而不断调整，信息技术教学活动必须有助于学生的可持续发展。网络化教学过程中，学生是学习的主体、发展的主体，学生的学习和发展，只有通过他们自己的实践才能实现。

第二，是以问题为中心。教育学基本原理告诉我们，问题是教学过程中的驱动力。因此，在信息技术教学过程中，既要注意学习任务的设计与布置，也要注意学生学习的主动性与思维能力的培养；既要重视学习结果，也要重视实践过程；既要追求知识与技能的掌握，也要追求学习创新意识等心理素质的培养。就是说，教师要以教材为依托，问题为主线，有效激发学生的知识储备，诱发探究动机，引发学生不断进入自己的"最近发展区"。

同时，在信息技术支持下的各科教学目标的设计与选择也要处理好知识目标、情感目标、技能目标的关系，使多种目标有机地统一到促进学生个性化学习这一根本目标之中。就是说，各科教学既要重视学生的自主学习、自由创造、自愿参与、自我评价，也要注意每个教学活动的多功能性和各教学环节组合的科学性，使知、情、技等多种发展目标都能有效地实现。

在这一积极与长期的探究中，盐池县第五小学初步构建出如下课堂基本教学流程：

教师：创设情境（导课）——启发指导（点拨）——激励求新（引领）；

学生：自主合作探究（学）——展示汇报（展）——点拨质疑（点）——当堂训练（练）——总结提升（评）。

这一教学流程，主要基于信息技术支持下或说在教育信息化环境下学生的个性化学习，要点在于强调教师通过信息技术手段来创设教与学的环境，引导学生主动参与、主动探索、主动思考、主动实践，实现学生多方面能力综合发展，重视个性化学习在学生成长与发展中的能动作用——通过学生的主体性探究活动来主动、积极地构建自己的认知结构，获得具有创新意义的学习成果。

链接材料之三：盐池五小一语文教师《月夜遐想》教学实录：

（1）信息导说：首先用多媒体展示优美的月夜图、动画，配以优美的音乐，接着让学生把自己头脑中瞬间产生的奇特想法，用一个词、一句话写下来。交流之后出示课前搜集的关于星月的奇思妙想图文，让学生讨论从中领悟奇思妙想的方法，继而构思自己的习作。

（2）自主习作：有了想象，大自然中的事物就有了鲜活的生命，有了构思，习作就像流水一般流淌出来。课堂中老师播放优美的轻音乐，让学生在优美的意境中展开想象的翅膀，用灵巧的小手敲击键盘，记录下自己的奇思妙想。

（3）媒体评改：学生完成习作后，老师将一些巡视中发现的优秀习作或病文加以出示，让学生欣赏评改，不断采取重放、关键处定格、放大或缩小等技术手段，指导学生欣赏体会、讨论修改等。并通过以不同颜色的修改，让学生进行改前改后的比较，体会将习作写具体的方法。

（4）存盘上传：最后学生根据共同的例文评改，对照自己的习作进行修改，定稿后让学生存盘并上传给教师，形成班级"习作集锦"。

"信息技术促进学生个性化学习探索"试验项目的推进与成效证明，通过信息技术支持下的小组合作学习的形式，可以收到更好的教学效果。因为在这一过程中，班集体内的每个小组成员都要在信息技术支持下，为了小组的集体荣誉而积极合作、共同讨论、交流信息，最后达成共识。这是合作学习的最终目的。使得学生在合作过程中能够充分表现自我，为每个学生提供更多的机遇。使之在相互交流中共同分享成功的快乐，培养学生自主实践的学习能力。自然，对这一研究结论，其他教育研究探讨者也有着一致的看法："信息技术环境下的问题探究式教学模式能充分地发挥学生的主体作用，极大地调动学生学习的积极性、主动性，提高学生的学习兴趣。"同时，"信息技术环境下的问题探究式教学模式从根本上提高了学生自己发现问题、分析问题、解决问题

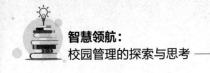

的能力。"

二、推动信息技术环境下教师教学方式的变革

信息技术环境下学生个性化学习的探索，主要是教师通过信息技术手段创设教与学的环境，引导学生主动参与、主动探索、主动思考、主动实践，实现学生多方面能力综合发展，重视个性化学习在学生的发展中的作用，通过学生的主体探究活动主动积极地构建自己的认知结构，获得具有创新意义的学习成果。

由于现代信息技术是一种最先进的学习工具，教师运用信息技术可以创造出一个图文并茂、有声有色、生动有趣的教学环境，可以将枯燥抽象的概念、复杂曲折的思维过程，以直观形象的教学信息展现在学生面前。从而激发学生学习兴趣，调动学生学习的积极性和自主性。让学生主动参与、自主选择、自主探索，使学生真正学会学习，真正体验到学习的快乐！因此，运用信息技术辅助教学过程设计是教师引导学生主动学习、快乐学习的有力武器！

课前预习五步模式：

第一步，查（借助工具、借助网络读）；

第二步，划（划着重难点读）；

第三步，写（带着感想读）；

第四步，练（做着习题读）；

第五步，思（带着问题读）。

（一）语文课前预习五步模式解读

第一，查（借助工具、借助网络环境（纳米盒）读）

先出声朗读课文，至少3遍。

在阅读中如遇到不认识的字、不理解的词要标画出来。

利用字典、其他教辅资料或借助网络资源查出不认识的字、不理解的词、在课本上做好记录。

借助网络搜集文章的作者情况：姓名、其他作品、时代背景等（批注到题目右下角）。

学生读完3遍后，要达到把课文字音读准、句子读流畅。好学生达到有感情的朗读。

第二，划（划着重难点读）

认真读1遍课文，做到有感情的朗读（包括在课本上记的字、词、作者情况）。

分析课文题目，你知道了什么（题目能分析出内容的，在题目右下边写出自己的见解）？

边读边划出有体会的字、词、句、段（字、词、句、段可以用不同的彩笔标画），并在旁边写出自己的理解和感悟。

再读课文，包括课文内容和自己记的批注。

思考课文的主要意思，并用简洁的语言准确地概括出来（写在题目的左上角）。

思考课文分几部分，在段落前面写出1、2、3……，并把每部分的大意概括出来（用"//"在每部分的段末写出来）。

思考课文用了什么写作手法（在课后题与课文之间空白处写）？

借助教辅资料与网络查询来促进对课文的具体理解，补充本课的知识。

第三，写（带着感想读）

要求学生认真读课文，把课文中优美的句、段背诵或摘抄下来（优美的句、段要求学生先熟读、再有感情的读、最后背诵），以备大组长检查。

第四，练（做着习题读）

要求学生再次认真读课文，再做练习。习题包括：

课本的课后题（不要求写的，也至少要求学生说一说，做到语言流畅、简洁；需要写的在课后空白处写一写）。

课外练习（学习之友、练习园地）。

第五，思（带着问题读）

在前面几个环节基础上，再读课文，要求学生积极动脑，思考以下两方面的问题：

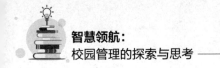

第一，本节课你学会了什么知识？

第二，你还有不明白的问题吗？在课文中写出来，以待与小组同学交流。

链接材料之四：一小学生的语文预习实例

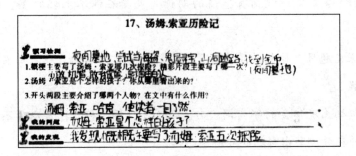

这一教学实例，就是一小学生通过信息技术来自主、能动地进行预习，从而促进语文能力提高的典型。我们知道，培养小学生良好的课前预习习惯，是上好语文课的重要环节之一，也是提高学生自学能力的必备措施与基本途径，更是提高语文课堂教学效益的有效手法。"教是为了不教"，作为小学教师，就应适应信息技术日益普及的时代变化，着眼于教学生通过网络等学会学习，加强培养学生的自主学习能力，从学生的课前预习抓起，从而为学生终身学习奠定良好的基础。因为通过现代信息技术可实现更好的预习，也更能培养学生自主学习的良好习惯，同时还能培养学生个性化学习的能力。自然，在学生积极预习的基础上，教师还要重视发挥自身在教学中的主导作用，促进学生发展。

链接材料之五：一语文教师对教材的批注实例

批注式阅读，是我们学习语文的一种有效方法。《语文课程标准》指出，阅读是学生的个性化行为，不应以教师的分析来代替学生的阅读实践。阅读批注，是学生对文本的一种独特感悟，是提升学生学习能力的一种体现。如此看来，批注式阅读的开展，丰富了学生的情感体验，形成了他们的阅读个性，让学生不再把读书看成负担，也不再处于被动之中，而让读书已经变成了他们的一种内在精神需求。在这个过程中，学生得到的不仅是知识的增加，能力的提高，更为重要的是，他们在批注式阅读中找到了读书的方法。

信息技术支持下的学生个性化语文课程学习实践证明，由于传统语文教学模式是一种单纯的传授知识技能的教学模式，学生的依赖性比较强，而信息技术的支持就为我们提供了丰富多彩的学习资源，有助于形成"自主、合作、探究"的学习方式，并培养学生的创新精神和实践能力。就是说，在信息技术环境下要求学生根据自我学习的实际情况，对学习目标、学习内容、学习方式、学习的重难点进行自主选择，并改变学生的个性化学习方式。这一改变，自然就带动了教师教学方式的转变。

（二）数学课前预习五步模式解读

数学课前预习围绕以下几个问题逐步进行：

第一，本节课学习的内容。

第二，与本节课相关的旧知识有哪些（只要有三分之一人能说出本节课相关的旧知识即可）？

第三，分析题意［写（说）出解题思路］。

第四，解答问题，完善书中的问题。

第五，本课中要提醒大家加以特别注意的是什么？

第一，查（借助工具、借助网络环境（纳米盒）读）

按照一定顺序大声朗读新授内容2遍。

思考本节课学习什么内容？与本节课相关的旧知识有哪些？（可以用不同形式梳理）本节课属于什么类型的课？

第二，划（划着重难点读）

大声朗读课本内容（新授）1遍。用"=="标划出课本中的重要数学信息，用"△"标出信息中的关键词。

第三，写（带着感想读）

大声朗读课本内容1遍，重点观察例题的计算方法（写出做题思路）。思考（思考的问题由老师预设）。

第四，练（做着习题读）

说出基本解题思路。尽量用多种方法解答（一题多解）。高度重视课外练习（学习之友、练习园地）。

第五，思（带着问题读）

在前面几个环节基础上，再阅读教材内容，要求学生积极动脑，思考以下两方面的问题：本节课你学会了什么知识？本节课学到的知识能解决生活中的什么问题？你还有不明白的问题吗？在课文中写出来，以待在课堂上与小组合作交流。通过小组交流解决不了的问题，写在后面自己的展示区，在课中提出由其他小组或者老师帮助解答。

链接材料之六：温云霞老师《轴对称图形》教学实录

媒体激趣：引导学生进入网页——图片欣赏——埃菲尔铁塔、举重运动员，天坛、杨浦大桥、故宫、天安门、蝴蝶、飞机、花篮、红双喜，等等。生动的画面，把学生们带进了色彩斑斓的世界，使学生产生浓厚的学习兴趣。

提出问题：自主观察思考：这些图片有什么共同特点？紧接着观察画了一半的瓶子、衣服的图形来想象整个图形的形状。把学生的智力从一个水平提升到另一个新的更高水平，继而展开讨论：看了这些图案，你有什么想法？把你想了解的知识，上传到公告栏中，告诉教师和同伴。教师进行适时的点拨，最后师生通过互相协商，在公告栏中完善本课的教学目标，这样学生在民主和谐的学习气氛中自觉进入了新知识的学习。

探索交流：在观察的基础上进行合理的猜想，接着引导学生进入"跟我做做"步骤：将一张纸对折，在纸上画出半个瓶子、衣服的图案，沿线条剪下，把纸展开（实际上学生在剪的过程中，轴对称图形的定义已经初步形成）。最后让学生想一想什么是轴对称图形，水到渠成。在学生初步建立轴对称图形概念的基础上，进一步研究探讨一些平面图形的对称轴的条数与画法，并进入在线测试，自主反馈学习效果。

意义建构：通过对什么是轴对称图形的猜想，运用动手操作验证猜想，进而获取轴对称图形的概念，最后把自己得到的结论上传到网上，互相交流。在老师的总结之下，共同建构轴对称图形的概念。然后通过查阅了解轴对称图形在生活中的应用，利用网络找出生活中的轴对称图形，并把找到的生活中的轴对称图形上传到网上；也可以进入"思考园地"，锻炼自己的思维，还可以创作出美丽的轴对称图形，在班内交流，同伴互评，教师点评。

在以上这一具体的教学设计中，老师切实做到了以学生为中心。在实际教学中，教师只是做为教学活动的设计者、组织者、帮助者与合作者，通过有效引导学生自我判断、自我探索、自我选择性地学习，自我建构，努力体现出学习的个性化。由于数学的教学内容与其他学科相比较更抽象，所以某些内容对于学生而言比较难掌握，这就形成教学中的重难点。而教学重难点是我们在教学过程中要求学生必须掌握的内容。多媒体辅助教学进入数学课堂，就能较为方便、轻松地解决、突破教学重难点，同时，借助信息技术又为提高课堂效率和教学效果提供一种现代化的教学手段。

三、推动信息技术环境下学生学习方式的变革

在信息技术环境下或支持下，搜寻、提取我们每个人所需要的信息是极为方便和快捷的，这是信息技术的独特优势。因此，在信息技术环境下学生的学习方式可以得到根本性的变化。具体说，就是在现代信息技术支持下，学生的学习主要不是依赖于教师的讲授与课本的学习，而是可以充分利用信息化平台和数字化资源来展开学习，教师、学生之间开展协商讨论、合作学习，双方通过对资源的收集利用，探究知识，发现知识，实现对知识的再创造。同时，许多研究也证明了个性化学习是一种基于学生个体的差异性、独特性的学习。这一学习可从学习目标、学习内容、学习方式等方面，针对不同接受程度的学生考虑其不同的实际学习需要，在教学组织上，尊重学生，选择恰当的教学方式，促进学生个性的全面、和谐发展。

（一）信息技术下学生的自主学习探究

自主学习是就学习的内在品质而言的，是学习者通过自身努力，在自己计划、自我指导、自我反思、自我调控的过程中，积极主动地调整自己的学习策略和学习方法的过程。在信息技术环境下，学生是学习活动的实践者、学习目标的选择者、学习内容的探索者、学习成果的发现者、学习方式的创造者。教师是信息海洋的导航者、情境观察的服务者、学习过程的预设者、协作活动的参与者、解答疑难的指导者。活动中，学生围绕学习内容，根据自己的学习兴趣和认知水平，自己确定学习起点、自主选择学习内容及学习策略，调用各种学习资源进行独立思考、协作讨论和自我评价，并在交流的过程中完成对知识意义的建构。在此过程中，学生的个性得到张扬，潜能得到开发，创造意识得到发展，学习成为富有挑战、充满发现的一件乐事。

链接材料之七：社会课程之《介绍我国的一个民族》教学过程节录

在《介绍我国的一个民族》的课堂教学中，学生首先进入"资料室"的"56个民族"，点击"各族简介、民族风情、图片荟萃、民族服饰、民族建筑"这些栏目，进行广泛的或归类的资料搜索。学生也可进入"精彩视频"收看各民族视频资料。学生经过多方收集相关信息，并对收集的信息进行分类、存储、鉴别和整理，使之简洁明了，通俗晓畅，最后将自己的有效信息进行综合并交流，最大限度地实现资源共享。

在此过程中，学生在信息技术环境下，根据自己的兴趣和认知水平，对各种学习资源进行独立思考，展现学生的自主学习性与个性化学习能力。

（二）信息化技术下学生合作学习的实践探究

合作学习对学习者的自身知识意义建构极其重要。它主要通过合作与会话的形式，使学习者与周围环境相互交流，促进此学习群体对当前所学知识深刻而全面的理解，从而达到真正的意义建构。网络环境下合作学习活动的基本方式主要有竞争、辩论、伙伴等。

竞争。竞争是指教师首先根据学习目标与学习内容对学习任务进行分解，由不同的学习者（可以是两人、四人小组）完成，看谁完成得最快最好，然后由教师和学生对学习者的任务完成情况进行评论。各自任务完成后，就意味着总任务的完成。如《海伦·凯勒》一课，学生在对海伦成功某一原因的深入探究后，进行课堂交流，看谁的探究最有价值，最后在交流的过程中能认识到诸多原因的合力才最终造就了海伦·凯勒。

辩论。辩论是指合作者之间围绕给定的学习主题或问题，首先确定自己的观点，接着在一定的时间内借助图书馆或网络查询资料，以形成自己的观点，然后双方围绕主题展开辩论，通过辩论使学习者达到对问题的深入理解。如，学校在举行"开卷有益"和"开卷未必有益"这一辩论赛时，一位老师向学生推荐了《狮城舌战》一书，因书店无货，学生们纷纷上网阅读，学习起辩论艺术；学生们还从网上搜集了许多名言警句、生活实例充实自己的论点。开赛时，一个个引经据典，唇枪舌剑。通过这些多样化的活动，学生对这一问题的认识就有了进一步的提高。

伙伴。伙伴是指合作者之间为了完成某项学习任务而结成的伙伴关系，伙伴之间可以对共同关心的问题展开讨论与协商，并从对方那里获得问题解决的思路与灵感，促进问题的解决。

链接材料之八：赵咏梅老师《火星——地球的孪生兄弟》教学设计

在进行《火星——地球的孪生兄弟》教学时，为了突出学生的自主性，重视学生主动积极的参与精神，由学生自由组合成伙伴关系，讨论并形成具体的研究小课题的实施计划、方案，然后进行调查、考察、访谈、上网搜集资料等，特别注重探索和研究的过程。学生在整个学习活动过程中，积极参与，友好合作，能主动发现问题，探索问题，为解决问题去搜集信息、整理资料等，得出了一定的学习结果，创造性潜能也获得了充分的开发。

这一教学设计证明，信息技术支持下的学生小组合作学习方式极大地强化了学生对自己学习的责任感和对自己合作学习进展情况的关心，共同分担任务能有效地提高他们学习的积极性，使之体会到学习的挑战性和成功感；合作学习能为学生提供一个较为轻松和不受约束的环境，学生不用担心犯错误，而在信息技术环境下，更有利于培养学生的合作学习能力。

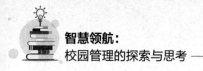

（三）信息技术下的学生个性化学习的实践探究

学生在研究小课题的过程中，一般经历提出问题、确定主题、开展研究、交流成果这几个步骤，但如何才能让学生的研究成果外化呢？这就要利用网络中的信息平台作为知识构建和创作实践的基本工具。常用的软件工具有：①文字处理工具，如Word、WPS等——适合培养学生的信息组织、意义建构能力。②绘画、作曲工具——适合培养学生创作作品的能力。③信息浏览、搜索工具（如Internet Explorer）——适合培养学生搜索、甄别、获取信息的能力。④信息集成工具（如Power Point、FrontPage）——适合培养学生的信息组织、表达能力与品质。

链接材料之九：自然课中"蓝鲸"的研究性学习概述

在进行"蓝鲸"的研究性学习时，教师要求学生可以根据自己的水平和喜好，选择合适的软件来展示自己的研究成果。如，有的学生用Word撰写研究报告，有的用WPS编辑电子小报，有的用Excel的立柱图对比蓝鲸与大象、肥猪的大小，有的用Power Point集图文声像于一体。正是借助这些工具软件，才使学生的成果展示更加精彩纷呈。

学校在"信息技术促进学生个性化学习探索"各学科教学实践与取得的成效证明，各学科课堂教学只要充分利用网络，就可获得最新教育资源，开发新的教学内容与探索新的教学方法。就是说，重视和恰当利用互联网进行教学，可有效拓宽学生的视野，同时还可有效培养学生主动搜集知识、获取信息来促进学习的能力。

附2：试点成效

一、基本成效

（一）信息技术促进了学生个性化学习的实践探索并进而促进了课堂教学的高效

在"信息技术促进学生个性化学习探索"研究中，学校通过开展系列活动，积极推进了信息技术在各学科教学中应用的常态化与制度化。同时，在研究探索中，各年级、各学科的教师结合开展"一师一优课"、多媒体应用比赛、朗读比赛、多媒体课件制作等评比活动与在各年级学生中大力开展电子小报制作比赛（一年级汉语拼音书写比赛、一至六年级"成长杯"数学竞赛、三至六年级个性化"成长杯"作文竞赛、五至六年级语文和数学手抄报评比活动、课前预习本记录整理）等多项评比活动。通过这些活动激发了师生的求知欲，也为我们推进信息技术促进学生个性化学习探索奠定了良好基础。

链接材料之十：中央新闻媒体对盐池县第五小学的报道

近日，宁夏回族自治区盐池县第五小学的一堂数学课让记者大开眼界。

随着课堂知识点的展开和老师画龙点睛的导入，课堂逐渐活跃起来。"老师，我来回答这个问题"，"老师，我想补充一个观点"，在老师的循循善诱下，孩子们一个个俨然成了课堂的"小主人"，而此时，老师则成了"忠实的听众"，一边听学生各抒己见，一边不时地顺势引导一下。

这是盐池县自2013年开展"构建高效课堂，推进素质教育"活动以来，学校课堂上发生的变化。

……

（二）信息技术促进学生个性化学习的实践探索使得教师课堂教学行为发生了明显变化

在"信息技术促进学生个性化学习探索"实施中，学校教师在课堂上的行为有了明显变化——由过去的以知识讲解为主的主导行为变为向学生的实际学习需要提供一定的提示和帮助的指导行为。这一主导行为反映出教师教学方式的改变。这是由于在信息化教学环境下，教师创设情境，将学生带到一个与教学内容相关的情境中，引导学生在情境中自主探索，找到疑惑，提出问题从而引起学生的自主学习和合作学习。通过教师和其他同学交流、讨论个人的见解和向教师和其他小组展示小组的作品，最后得出问题的解决策略，达到教学目标。例如，在交互式电子白板使用中，一位教师通过创设了一个大海、沙滩的情境，让学生上台使用交互式白板为海洋和沙滩添加自己想添加的元素，同时，通过展示海洋沙滩的图片，引起学生探索、学习制作方法的兴趣。通过学生自主学习后上台使用交互式白板展示制作方法和制作的注意点，教师通过与学生对话的方式引导和改正学生在展示中出现的不当部分，及时总结出学生的见解。

链接材料之十一：《迷人的张家界》教学片段

1.品读交流，有感情地读自己喜欢的段落。（相机出示图片或画面）

① 品读"奇山部分"，自由读第2—4自然段，把你喜欢的部分找出来，与同学交流。

A."重重叠叠的山峰……一首优美的诗。"写出山多、山高、山之千姿百态，美妙神奇（总写）。（反复读，读出赞叹的语气，相同句式的句子，要注意声调高低或语速的快慢区别）

B."金鞭岩高出峰林之上……'神鹰护金鞭'。"（边读边想象）

C."我们来到……在等待着出征的号令。"既写出了山峰像将军一样威武，又给人一种动感。（个别读，要读出气势）。

小结

② 品读"秀水"部分

"……清澈见底，纤尘不染的碧水中……安谧静美的享受。"写出了金鞭溪的清澈、静美。（指导朗读）

③ 品读"物丰"部分

2.情境再现

① 依据兴趣选择自己学习的内容和顺序，进入不同的网页，或浏览动画，或欣赏图片，或聆听音乐。

② 播放介绍张家界的VCD，感受张家界的迷人风光。

③ 有感情地朗读喜欢的段落。

上例中，在"信息技术促进学生个性化学习探索"中，每个环节都有激励性目标，几个章节既独立成章，又环环相扣，浑然一体。学生在演示中感知知识，在操作中掌握技巧，在应用中挑战自我，在链接中开阔眼界。如此网络环境下的课堂教学让他们充分体验到了自主学习的轻松快乐，同时又促进了课堂教学的高效性。

总体看，"信息技术促进学生个性化学习探索"的实施探索，使得教师课堂教学形式呈现多样化：教学内容不再是静态显示，而有了动态的变化；教师课堂教学行为形式不再单一化，同一教学行为不同教师采用了不同的形式。此外，教师作为示范者这一角色，对学生的行为有着潜移默化的影响，教师上课行为形式的千篇一律容易导致学生不愿意动的思想，不利于学生创造力和动手能力的培养。

（三）信息技术促进学生个性化学习的实践探索使得学校面貌发生了根本变化

2013年12月，研究课题"研读教材和课堂教学实践的研究""基于交互式电子白板在小学数学课堂情境创设的探索与实践"分别荣获自治区第三届全区基础教育课题研究二等奖。2014年12月，学校被教体局评为"高效课堂"先进集体。2015年4月29日，《中国教师报》刊登学校高效课堂实施情况。2015年12月9日，《中国教育报》头版头条再次刊登报道学校的高效课堂。《宁夏教育》2015年7—8期封二、封三宣传了学校构建高效课堂纪实。同时，两年来学校先后承担了三次大规模的高效课堂现场会。2015年9月10日，在庆祝第三十一个教师节期间，学校被盐池县委、县政府评为优秀集体，获10万元奖金。在2015—2016学年度第一学期抽考六门学科成绩中，学校名列全县第一，实现了自建校以来成绩由全县第八位提升到第一的历史性突破。学校现有区级骨干教师10人，市级骨干教师8人，县级骨干教师27人，占教师总数的45%。

（四）信息技术促进学生个性化学习的实践探索提高了教师专业化水平

在"信息技术促进学生个性化学习探索"研究探索中，学校通过研读教材、说课比赛、多媒体培训与比赛、优质课比赛、一师一优课评比以及高效课堂磨课、集体备课等活动，使教师对学生自主学习更有指导性。驾驭课堂的能力、指导、引领学生方向更加明确，课堂上注重预习（自主学习）、注重互动（生生互动、师生互动）、注重训练（作业、检测、实验），注重质疑探究（发现问题、提出问题、探究问题、讨论问题、解决问题）。同时，在研究过程中我们也推动了教师在业务提高、教学研究中的精诚团结。其中学校建立帮扶制度，骨干教师帮青年教师，达标教师帮未达标教师，多媒体操作熟练的老师帮年龄大的老师等，已初步建立起一支具有良好师德和较高业务水平、合作能力的科研型教师队伍。现在，全体教师上课全部运用交互式白板，学生也参与其中，体现出师生互动、生生互动，效果很好。

链接材料之十二：盐池五小教师"六个一"活动

开展"六个一"活动，促进教师专业成长：教师每学期写两篇教学案例（分前后两个半学期完成）；每人每学期写一份所任学科全册的学情分析报告；每月提供一个教学实践中遇到的值得反思的问题（结合两个课题）；同年级同学科确立一个教研小专题（一学年内完成）；每学期每人至少撰写一篇教学论文（反思、学习体会等）；每学期读一本教改理论著作（笔记、学习体会）。

在教育科研方面，近4年来学校承担完成了两个自治区级课题并分别荣获二等奖。目前正在做的两个课题，一是教育部课题"信息技术促进学生个性化学习探索"、一个是自治区教育厅第四届全区基础教育研究课题"信息环境下高效课堂教学模式的实践探索"。

同时，"信息技术促进学生个性化学习探索"研究，也提升了教师的专业化发展水平。2013年9月，王生雄论文《运用白板创设情境教学探索高效优质教学课堂》荣获全国中小学信息技术学科论文二等奖；2013年9月，王生雄论文《加强教学管理抓好常规落实》荣获吴忠市校长类一等奖；2013年9月，赵咏梅论文《有意注意是拼音教学的有效途径》荣获吴忠市教师类二等奖，周红莲参加第十四届全区多媒体课件大赛荣获一等奖，王生雄参加第十五届全区多媒体教学论文大赛荣获一等奖，裴增香、施原旗、赵咏梅老师荣获三等奖；2014年7月，宁夏电化教育中心主办第十五届全区电教论文、多媒体课件大奖赛，学校温云霞老师（论文）荣获一等奖，李金秀（多媒体课件）、丁玉芬（教学设计）荣获一等奖。2014年10月，在自治区教育厅主办、宁夏银江教育产业开发有限公司协办的2014年全区"银江教育杯"优秀主题教学资源暨网络学习空间评比活动中，学校教师王生雄、李金秀荣获一等奖，刘冬梅、南勤合、惠彦姣、温云霞荣获二等奖；2015年4月，王生雄指导温云霞老师参加全国第一届小学数学（人教版）课堂教学录像课荣获一等奖；2015年4月10日，盐池县开展"一师一优课　一课一名师"评选活动，学校晒课49节，县上分配任务25节，完成率196%，评出县级优课9节，占全县小学优课32%，县直学校的42%，其中徐新梅老师的课被推送到区上参评，同时学校又获得优秀组织奖；2015年9月，赵咏梅参加全区国培课例评比活动荣获一等奖；2015年10月，李金秀、徐新梅老师参加第十六届信息化微课、课例评比活动荣获三等奖；2015年12月，李金秀老师荣获全区第十五届微课和网络空间评比活动大赛活动二等奖。据不完全统计，自"信息技术促进学生个性化学习探索"研究开展以来，学校教师撰写信息化方面论文二十余篇，分别在《读写算》《赤子》《新课程》《人间》《中小学教育》《基础教育课程》《小龙人报（教研版）》等上发表。其中，2014年1月，王生雄撰写论文《浅谈多媒体在小学数学教学中的应用》在《读写算》杂志上发表；2014年12月，论文《运用电子白板提高课堂教学实效》在《宁夏教育科研》上发表；2014年12月，论文《高效课堂合作学习小组建设》在《赤子》上发表。

（五）信息技术促进学生个性化学习的实践探索促进了学生发展

个性化学习需要一种能导向、可激励学生可持续发展的评价模式，我们在"信息技术促进学生个性化学习"探索中也构建出了相关的评价模式。学校已经形成了"合作学习小组"成长评价办法，对学生在个性化学习、合作学习及课前预习、课堂表现、课后巩固等方面进行及时、客观、公平、公正的评价，以促进学生积极、主动地有个性的发展，提高课堂教学效率。

链接材料之十三：盐池五小"建设小组合作学习"基本要求

建设合作学习小组。

1. 组名：有美感好听易记；积极向上；大气磅礴。

2. 组训：言简意赅，积极向上，内涵丰富。

3. 布置（教室后面黑板）：班级文化、美观、大方、有创意。

4. 分组原则："组内异质""组间同质""整体差异最小化"。

根据学生各自不同的学习成绩、心理特征、性格特点、兴趣爱好、学习能力、家庭情况、性别等方面组成学习能力相当的学习小组，一般以异质为主，使小组成员之间具有一定的互补性和个性化。同时保持组与组之间的同质，以便促进组内合作与组间竞争。

5. 方法：两人一小组，四人一大组。一半组长，一半组员，四人小组的大组长放在后面（一般以分4人一小组）。

6. 分工：小组长负责简单研讨及评价；大组长负责难题研讨及监督学习。中等生讲解，优等生点评，学困生质疑。或：学困生讲解，中等生点评，优等生小结（也就是从二年级开始培养学生的表达能力）。

7. 培训：大小组长、组员，开学前培训，每周培训，课前训。

在"信息技术促进学生个性化学习"探索中，我们着眼于学生能运用信息技术，在学中创、创中学，为信息社会的学习奠定了基础。提高了学生群体的信息素养，能利用搜索引擎、网站、教学资源库等搜寻学习资源，并对信息进行筛选、重组和加工，能对数字化资源所呈现的社会、文化、自然情境进行分析、思考和再应用，从而更好地解决问题。同时，学生还学会了通过E-mail、QQ等交流平台进行相互交流、探讨，分享学习资源。一部分学生的计算机操作水平显著提高，现在，我们的校园里随处可见的是学生的电脑绘画作品。同时，通过信息技术的支持，在课堂中培养学生的个性化学习的能力，使学生的主体活动呈现出自主、活跃、有序、有效的发展态势，让每一位学生真正体验到学习的快乐及其意义，从而发挥其自身的潜能，能够形成一定的自主学习、合作交流、展示汇报的能力和创新精神，全面提高综合素质。我们知道，"因材施教，因人施教"是教育家一贯倡导主张的教育教学原则，这一教学原则实际上体现的就是个性化学习。但在传统的教学中，个性化学习只是一个理想化的追求。而信息技术的开放环境却为实现个性化学习奠定了良好的基础。在网络教学中，每一位学生可以根据自身的能力、兴趣、爱好自主地选择学习内容，学习进程，学习资源，按照适合自己的学习方式自主学习，使学习变成了一个各取所需的过程。同时，我们也在"信息技术促进学生个性化学习"探索中不断改进与完善评价方式与办法。

第一，课堂上要重视学生的独特感受、体验和理解，坚持鼓励学生发表独特的见解发展求异思维。

第二，要注重对过程的评价。如，在语文教研组小专题课例研究中（学生个性化阅读），就要注意对学生阅读内容的选择，阅读方式的科学性，阅读方法的实用性等方面进行中肯评价，以进一步提高学生个性化阅读的积极性。

第三，要注重对结果的评价。在课堂教学的交流或展示中，为了提高学生的学习兴趣，最大程度地将自己的学习所得进行交流，所以对结果作适当的评价也是必不可少的。

第四，要注重对自我的评价。一般来说，在对学生的评价中，主要是老师对学生的评价，有时民主一点，就是学生对学生的评价。其实，学生对自己的评价也是十分重要的，因为在自我评价的过程中，他会依据别人作为参照物，找出自己的优点，也会寻找自己的不足之处，这样的评价一般来说是比较中肯的。

第五，要注重对小组评价（具体见合作成长记录册）。根据各年级小组评价实施细则（具体见教师指导合作小组工作手册）及时、客观、公正地对学生进行评价，体现激励性和团体性。

"信息技术促进学生个性化学习探索"试点项目研究的实践与众多教师的积极探索表明，小组合作学习是学生主体性发展的良好途径。小组合作有利于学生从同学身上看到自己，逐渐学会以自身为尺度，客观地评价他人，从而也形成符合实际的自我评价。

总之，以网络为主渠道与以计算机为重要工具的信息技术在教育教学活动中广泛使用，既为学生提供了完全个性化的学习环境，又为学生的合作性学习提供了强有力的支持。如此看来，只要我们的课堂教学充分地利用网络、获得最新教育资源、开发新教学内容、探索新的教学方法，就可以不断拓宽学生的视野，也促使他们对所学学科知识的认识更加全面多样，同时还可培养学生搜集知识、获取信息、合作学习的能力。

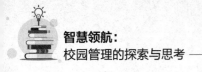
智慧领航：
校园管理的探索与思考

二、主要经验

第一，要以有效措施提高教师自觉运用信息技术的意识与行为。

根据美国国家教育统计中心提供的统计数据显示，2000年全美已经建成了拥有很好信息技术支持的学习环境，其中95%的学校和72%的教室与Internet相连，有66%以上的教师认为在课堂教学当中运用信息技术增强了教学效果。可以看出，美国在信息技术和学科整合方面取得了不小的成绩。我国信息技术与教育教学的融合虽起步较晚，但发展迅速。今天，无论城市学校还是农村学校，教师和学生对信息技术设施与应用都不再陌生。要推动信息技术在学校教育教学中的实际运用，就要提高教师的信息技术素养。在"信息技术促进学生个性化学习探索"试点项目研究中，在提高教师信息技术素养与在教学中的实际应用率，我们采取了以下几点措施。

首先，教师要"会用"信息技术。现代教育技术在课堂中的运用，关键在教师。只有在教师真正掌握、能灵活运用的前提下，才能去用活用好多媒体辅助教学。因此，教师需掌握基本的现代信息技术理论知识及其在课堂教学中的作用与应用，才能顺应时代对教师的要求。比如，我们学校要求每位教师要有相应的计算机等级证书。而且学校还创造条件让每位教师去参加培训掌握相关的知识，学校每学期还要组织教师进行计算机操作方面的比赛，多媒体教室对每一位教师都是开放的，随时都可以使用，引进计算机方面的人才，等等，一切措施都为教师使用计算机创造了条件，为实现教育现代化增加了筹码。对此，学校按照《信息技术促进学生个性化学习探究》课题实施方案，定期与不定期组织教师召开课题探究专题活动，要求教师明确本课题为促进学生学习所发挥的重要作用。

链接材料之十四：学生小组合作中积极进行自我评价

其次，教师要"善用"信息技术。运用信息化手段教学是当前课堂教学环境中的最佳集成者，而运用信息化进行课堂教学显得尤为重要。例如，小学数学学科的特点是抽象、概括，而小学生的年龄特点是容易接受直观形象的事物，教师要善于合理恰当地运用多媒体，加强直观教学，使学生始终保持兴奋、愉悦、渴求知识的心理状态。因此，在应用信息化的基础上，可以提升应用的质量，体现信息化应用的实效性，实现课堂教学模式与教师教学方式的转变。

最后，教师要"巧用"信息技术。在当今的教育中，信息技术可以看作是各类学习的一个有机组成部分，在学科的学习活动中结合使用信息技术，以便更好地完成课程目标。但这并不等于整堂课全用和天天都用，在利用信息技术之前，教师一定要清楚学科教学的需求，设法找出信息技术在哪些地方能提高学习效果，使学生完成那些用其他方法做不到或做不好的事，恰到好处地利用多媒体，这一点在数学学科上体现得更加明显。所以，要牢记多媒体辅助教学的本质与根本目的，"该出手时才出手"，灵活运用。

第二，要以有效的措施创建有利于学生个性化学习的信息资源环境。

在"信息技术促进学生个性化学习探索"试点探索中，学校坚持在探索中积累，在积累中运用，在运用中提高，不断循环使用，丰富学校的信息资源库，促使学校信息化进程的加快，提高学校整体的现代教育技术水平。具体措施主要有：创建班级网站、QQ群应用、微信群、翼校通等，利用纳米盒，规范学生语文朗读能力、汉字的听写、书写能力、作文库；通过数学口算、知识库；英语听力、阅读、口语训练等以及教室后墙黑板的作用（小组管理）、课余展示，使得学生在"我的发现、我的问题、我的收获"中进行巩固训练。同时，学校也极为重视利用信息资源环境探索课程内容与信息技术资源整合的最佳途径，为课堂教学提供更多的软件环境支持。

第三，要以有效措施提高教师运用信息技术的能力。

首先，要加强理论学习，转变观念，提升素养。为提高课题研究人员的素质，尽快掌握教育研究方法、进行更有效的科研，我们以个人自学与集体学习、讨论交流相结合的形式，认真学习课题研究方案、自学相关理论知识，如解读、《高效课堂标准》《教材教法》《小学数学新课程标准》以及组织集体备课、参与网络培训、说教材等活动，这些学习使我们明确了课堂教学中情境设置的重要性和必要性。通过这一系列的活动，达到用先进的教育理论支撑我们的课题研究工作，让各位组员统一思想，并致力于在课堂中改变学生的学习方式，把教学过程中的探究、发现、猜想、质疑等认识活动显现出来。通过学习和研究，每个成员撰写了有关创设教学情境的教育教学论文、教学设计、反思随笔，制作了精美实用的微课，还在学校公开上了公开课，得到了老师们的一致好评，课后和校内所有的数学老师及其主管教学领导通过自我反思和集体评议的方式共同探讨课中的得失，收获颇丰。其次，要及时总结经验教训，不断校正研究方向。我们在课题研究的过程中，根据学校的实际情况，根据课题研究方案的目标要求，把课题研究和日常的教研活动紧密地结合起来，选择不同的方面作为研究的突破口，多形式、多渠道开展课题研究，规范课题研究的过程管理。前期的小课题研究阶段中，首先我们从教育意识上有了一个全新的理念；其次通过课题研究教师的课堂教学水平和理论研究水平都有了很大提高，也加深了对教材和学生的研究。课题研究中还邀请了其他学校的专家来学校作专题讲座并指导教学工作，同时，学校的殷淑兰老师等人还在各类培训班，为其他老师上了不同节次的展示课。

三、注意问题

（一）信息技术与课堂教学的整合要与各学科教学相结合，宁缺毋滥

信息技术的使用一定要适度，要紧扣各学科的课程标准，宁缺毋滥。信息技术与多媒体课件不是每节课都要使用，要结合学科特点，针对课时目标有针对地使用。课件应主要针对某个教学难点或重点来设计，紧扣教学内容，切忌为追求视听效果而盲目使用课件内容，华而不实。我们在设计课件时一定要以教学内容和要求为依据，充分考虑学生的认知习惯和规律，将完美的外在形式与实用的内容有机结合，才能真正有效地辅助教学。

（二）在信息技术辅助课堂教学的过程中，不能颠倒教与学的"主导"和"主体"关系

从目前教师运用信息技术的情况看，制作的教学课件无非有两种形式：一种是以教师的"教"为中心而制作的课件，另一种是以学生的"学"为中心而制作的课件。从应用的数量看，前者无疑居多，但这类课件的特点是以教师

为中心，实际应用中往往强调教师的"教"而忽视了学生的"学"。用这样的课件进行课堂教学，学生参与教学活动的机会就会减少，大部分时间处于被动接受状态，因而学生的主动性、积极性就难以发挥。教学过程中，学生是主体，教师是主导，教师无论采用什么样的教学手段，这一点却是永恒不变的。信息技术作为现代教学辅助工具，为教学注入了活力，使长期困扰教师的某些教学难点迎刃而解，在教学中确实可以提高一定的教学效果，但不能忽略学生的主体性，决不能由过去的"人灌"变为现在的"电灌"。如果信息技术的演示代替了学生的主动思考，一堂课下来看似什么都有，然而学生的实际收获却不多，这正是课堂教学的大忌。作为教师首先应把握住自己在教学中的主导地位，通过对教学过程的设计和灵活多变的操作，使信息技术发挥最佳教学功能，同时要从人与信息技术、教学内容与信息技术的关系入手，探讨信息技术在教学应用中的基本教学规律和要求，使信息技术在教师的驾驶下有的放矢地发挥作用。

链接材料之十五：以《地球上的水》（科学）教学实例

教学过程的第一步是利用多媒体投影来播放我国的江河湖海，让学生去感受水与人与自然的关系；第二步是明确问题（去研究地球上的水和水是从哪儿来的，……）并介绍网上资源线索；第三步让学生上网寻找资源，鼓励同学之间共享找到的资料并交流看法，教师巡回指导；第四步是加工资料和形成真知，教师启发学生以找到的资料为背景思考问题；第五步是教师小结，启发学生珍惜水资源，合理运用水资源；第六步是学生之间分工合作把今天所学的内容以小论文的方式呈现出来。

（三）在信息技术辅助课堂教学的过程中，要从学科的角度需求出发选择与使用信息技术

现代信息技术是一把双刃剑，如果使用得好，能给我们教学带来方便，能提高教学效率，但如果运用不当也会给我们的教学带来负面影响信息技术的运用要避免将信息技术装饰"门面"，从而丢掉粉笔、黑板及教师的示范作用。教师与学生之间富于人情味的及时交流，教师组织起来的探讨问题的活跃氛围等传统教学的优势，是任何现代化工具都不可替代的。实际上用粉笔加黑板的传统教具，教师在黑板上板书是需要一定的时间的，这一段时间正是学生审题、思考的时间，而且重点内容还可以始终保留。但一味地利用信息技术，往往出现这样的情况：教师认为许多东西都呈现给学生了，但是由于速度比较快，没有给学生足够多的思考时间，表面上看，整堂课信息量大，学生反映良好，其实又回到了过去的传统教学"满堂灌"，只不过由原来的"人灌"变成了"机灌"。

总之，教师要认真学习计算机专业知识，精心设计适合学生实际和课堂教学的信息资源，充分发挥信息技术的优势，为学生的学习和发展提供丰富多彩的教育环境及有利的学习工具；为学生探索复杂问题、多角度理解数学知识提供机会，丰富学生的数学视野，并为学习有困难的学生提供个体发展的机会。

附3：研究展望

一、需继续探索的问题

信息技术的高速发展，信息化手段的有效应用不光给我们教师带来了很大的帮助，更为学生自主学习知识、拓展文化视野提供了优势，但我们在具体的实施中，也发现了自身的很多不足。结合学校现状，学生现状，主要体现在：

1. 如何引导学生有效地自主学习、个性化学习，不光是在学校实现这个目标，更重要的是需要家长的配合，现在无法完全达到学校、家庭、社会三位一体。

2. 随着学生对信息技术的不断深入应用，学校的设备出现软硬件落后的情况，跟不上实际需要。

3. 通过看微课、应用QQ群进行学习存在一定困难，并受到两方面原因的制约：一是爷爷、奶奶伺候孙子，无人监管，一些学生无法固化学校养成的学习习惯；二是家庭条件受限（经济、文化），一些学生无法在网络环境下学习。

二、研究中的几点思考

"改变课程实施过于接受学习、死记硬背、机械训练的现状，倡导学生主动参与、乐于探究、勤于动手，培养学生搜集和处理信息的能力、获取新知识的能力、分析和解决问题的能力以及交流与合作的能力。"这些理念对改革信息技术教与学具有极强的指导意义。

1. 继续探索"信息技术促进学生个性化学习"的高效途径，实现学校、家庭、社会三位一体，为提高教学质量、促进学生发展服务的模式。

2. 继续完善相关实施方案、评价办法，从更高的角度层面整合学科资源，有效引导教师引领学生在新型网络环境中进行个性化学习。

3. 做好学生习惯养成教育，培养学生良好的学习习惯，引导学生摈弃糟粕，取其精华，健康、合理地应用信息技术。

4. 努力为学生搭建新型网络环境下交流互动的平台。

5. 积极筹建一座电子阅览馆，为师生提供现代化、多样化信息服务，提升学校信息化水平。

6. 通过"请进来、走出去"的方式推广，积极总结、宣传课题探索出的经验。

7. 进一步研究如何实现"互联网+"课堂促进学生个性化学习。

总之，经过不断探索与反复论证，并具体结合不同年级、学科教学特征，以信息技术促进学生个性化学习已在学校全体教师的意识中占据了主导地位，全校教师都先后进行了不同的尝试，在注重引导学生进行个性化学习时，还积极引导学生合作学习。学校的试点研究实践证明，在试点研究中只有坚持提炼好的做法，修正不必要的烦琐，才能使信息技术真正高效地为学生的学习服务。

试点项目与课题研究之路，任重而道远。我们的探索与实践还将继续进行下去。

参 考 文 献

［1］中华人民共和国教育部.义务教育数学课程标准（2011年版）［M］.北京：北京师范大学出版社，2011.

［2］王宇飞，孔维宏.浅谈网络教育环境下的个别化学习和协作学习［J］.现代远距离教育，2004（1）.

［3］阮士桂，郑燕林.美国国家教育技术规划的沿革及启示［J］.现代教育技术，2011（12）.

［4］杨兆山.教育学的"个性"概念［J］.中国教育学刊，1996（4）.

［5］李如密，刘玉静.个性化教学的内涵及其特征［J］.教育理论与实践，2001（9）.

［6］李广，姜英杰.个性化学习的理论建构与特征分析［J］.东北师大学报，2005（3）.

［7］邓志伟.个性化教学论［M］.上海：上海教育出版社，2000.

［8］柯朗，罗宾.什么是数学：对思想和方法的基本研究（增订版）［M］.斯图尔特，修订.左平，张怡慈，译.上海：复旦大学出版社，2005.

［9］钟志贤.信息化教学模式［M］.北京：北京师范大学出版社，2005.

［10］钟启泉，等.基础教育课程改革纲要（试行）解读［M］.上海：华东师范大学出版社，2001.

［11］祝智庭，钟志贤.现代教育技术——促进多元智能发展［M］.上海：华东师范大学出版社，2003.

［12］石成厚，苗丽.新课程与数学课堂的个性化学习［J］.呼伦贝尔学院学

报，2008（4）.

［13］中华人民共和国教育部.义务教育数学课程标准（2011年版）［M］.北京：北京师范大学出版社，2011.

［14］联合国教科文组织.教育——财富蕴藏其中［M］.北京：教育科学出版社，1996.

［15］加藤幸次，等.个别化、个性化教育的理论［M］.武汉：黎明书房，1996.

［16］佐藤学.学校的挑战：创建学校共同体［M］.上海：华东师范大学出版社，2010.

［17］顾明远，孟繁华.国际教育新理念［M］.海口：海南出版社，2001.

［18］皮连生.教育心理学［M］.上海：上海教育出版社，2001.

［19］何克抗，李文光.教育技术学［M］.北京：北京师范大学出版社，2002.

［20］高铁刚，陈莹，臧晶晶.信息技术环境下课堂教学模式的理论与方法［M］.北京：清华大学出版社，2011.

［21］朱慕菊.走进新课程：与课程实施者对话［M］.北京：北京师范大学出版社，2002.

［22］张克松.信息技术环境下个别化教学模式设计［J］.电化教育研究，2002（11）.

［23］祝智庭.关于教育信息化的哲学观透视［J］.华东师范大学学报（教育科学版），1999（2）.

［24］刘名卓.基于在线学习倾向的网络教学环境要素设计［J］.中国电化教育，2003（4）.

［25］刘名卓，张琴珠.信息技术与个性化教学模式探讨［J］.现代教育技术，2005（1）.

［26］张奠宙.关于小学"数学本质"的对话［J］.人民教育，2009（7）.

［27］张屹，祝智庭.建构主义理论指导下的信息化教育［J］.电化教育研究，2002（1）.

［28］马宁，余胜泉.信息技术与课程整合的层次［J］.中小学信息技术教育，
2002（1）.

［29］王成文.课堂个性化教学的研究和实施途径［J］.教育理论与实践，2002
（10）.

［30］隋淑娟.激发学生学习兴趣，搞好个性化课堂教学［J］.教育探索，2004
（10）.

［31］丁三末.对数学课堂个性化教学的认识和思考［J］.教学与管理，2002
（9）.

［32］郭恒泰.试论教学个性化［J］.上海教育科研，2002（2）.

［33］李启柱.数学建构主义学习的实质及其主要特征［J］.数学通讯，2001
（5）.

后 记

在撰写《智慧领航：校园管理的探索与思考》这部著作的过程中，我仿佛经历了一场思想的远航，从最初的迷茫与探索，到最终的清晰与坚定，每一步都充满了挑战与收获。这本书不仅是对我多年来在校园管理领域实践经验的总结，更是对未来智慧校园发展方向的一次深刻思考。

回想起初稿的撰写，我深感责任重大。校园管理，作为教育体系中不可或缺的一环，其复杂性和重要性不言而喻。如何在传统管理模式的基础上融入现代科技的力量，实现校园管理的智慧化升级，是我一直以来的追求。因此，在书中，我不仅详细阐述了智慧校园的概念、特点及构建要素，还通过案例分析，展示了智慧校园在实际应用中的成效与挑战。

在撰写过程中，我遇到了不少困难。一方面，智慧校园是一个相对新兴的领域，相关的理论和实践经验相对有限，这给我在构建理论体系时带来了不小的挑战。另一方面，如何将复杂的科技概念以通俗易懂的方式呈现给读者，也是我需要不断思考和解决的问题。为了克服这些困难，我查阅了大量的文献资料，学习了多位校园管理领域的专家经验，并实地考察了多所智慧校园建设的成功案例，力求使书中的内容既具有理论深度，又贴近实际应用。

随着书稿的逐渐成型，我深刻感受到了智慧校园建设对于提升教育质量、优化教育资源配置、促进教育公平等方面的重要作用。同时，我也意识到，智慧校园的建设并非一蹴而就，它需要政府、学校、企业及社会各界的共同努力和持续投入。在这个过程中，我们既要保持对新技术、新理念的敏锐洞察，又要注重解决实际问题，确保智慧校园建设的成果能够真正惠及广大师生。

如今，《智慧领航：校园管理的探索与思考》终于得以面世，我感到无比的欣慰和自豪。这本书不仅是我个人在校园管理领域探索与思考的结晶，更是对所有致力于智慧校园建设的人的一份献礼。我希望通过这本书，激发更多人对智慧校园建设的关注和思考，共同推动教育事业的蓬勃发展。

未来，我将继续关注智慧校园的发展动态，深入研究校园管理领域的新问题、新挑战，不断充实和完善自己的知识体系，为智慧校园的建设贡献更多的智慧和力量。我相信，在大家的共同努力下，智慧校园一定能够成为引领教育变革的新引擎，为培养更多优秀人才、实现教育现代化做出更大的贡献。